Gerburg Crone | Hubert Liebhardt (Hrsg.)
Institutioneller Schutz vor sexuellem Missbrauch

Gerburg Crone | Hubert Liebhardt (Hrsg.)

Institutioneller Schutz vor sexuellem Missbrauch

Achtsam und verantwortlich handeln
in Einrichtungen der Caritas

BELTZ JUVENTA

Bibliografische Information der Deutschen Nationalbibliothek
Die Deutsche Nationalbibliothek verzeichnet diese Publikation in der
Deutschen Nationalbibliografie; detaillierte bibliografische Daten sind
im Internet über http://dnb.d-nb.de abrufbar.

© 2015 Beltz Juventa · Weinheim und Basel
www.beltz.de · www.juventa.de
Herstellung und Satz: Ulrike Poppel
Druck und Bindung: Beltz Bad Langensalza GmbH, Bad Langensalza
Printed in Germany
ISBN 978-3-7799-3235-2

Inhalt

Vorwort

Wer Gewalt ausübt, wo sie nicht erlaubt ist,
ist Gesetzgeber in eigener Sache.
Er bringt nicht nur den Menschen vor ihm zum Schreien,
sondern fordert die Kultur, in der er lebt, heraus.
(Reemtsma, S. 132)

2010 kann im Bereich der Katholischen Kirche mit Recht als Schicksalsjahr gelten: Seit diesem Zeitpunkt ist weltweit offensichtlich, dass wir nicht mehr wegschauen können, wenn Kinder und Jugendliche, Schutzbefohlene und Hilfesuchende durch sexuellen Missbrauch gefährdet sind. Dieses Buch zeigt, wie sich ein großer Caritasverband zusammen mit seinen Mitgliedern dieser Herausforderung eines Changemanagements stellt. Dabei sind die Leitmotive des Veränderungsprozesses mit dem Zweiklang „achtsam und verantwortlich" zu beschreiben: Achtsam gegenüber den Klienten, Schutzbefohlenen, Hilfesuchenden oder Anvertrauten – verantwortlich für die notwendigen Schritte und Strukturen, um Schutz zu gewährleisten.

Wie konnte es so weit kommen? Sich dieser Frage stellen, heißt auch, den Betroffenen zuhören lernen, um die bittere Realität zu begreifen. Aus der Vergangenheit lernen, um die Zukunft gestalten zu können: Das ist unser Weg, wenn wir Intervention und Prävention miteinander verknüpfen. Die Caritas möchte ihrem biblischen Auftrag, Not zu sehen und zu handeln, gerecht werden. Für die Hilfesuchenden muss eine vertrauenswürdige Lebenshilfe in der Caritas verwirklicht werden. Es geht nicht um den Fortbestand der Einrichtungen oder der Institution Caritas. Sehr wohl ist dieser aber mit der Qualität der Einrichtungen und mit unserer Fähigkeit, die Hilfesuchenden zu schützen, grundlegend verbunden.

Aufgrund der Missbrauchsskandale in der Katholischen Kirche, die seit 2002 immer deutlicher an die Oberfläche kamen, bis das Canisiuskolleg in Berlin 2010 eine bundesweite Welle von Empörung und Aufdeckung von Missbrauch in vielen anderen katholischen Einrichtungen auslöste, haben die Bischöfe die umfassende Weiterentwicklung von Präventionskonzepten angestoßen. In unserer Diözese hat Bischof Dr. Gebhard Fürst die Caritas 2010 aufgefordert, für ihren Bereich eigene Leitlinien zu entwickeln (Katholisches Amtsblatt, Nr. 13 2010, S. 295). In diesem Kontext steht die jetzige

Veröffentlichung. Sie beschreibt den Weg, den die Caritas der Diözese-Rottenburg bislang zurückgelegt hat. Im Mittelpunkt unserer Arbeit steht der Mensch, der Unterstützung benötigt, und wir haben die Verpflichtung, diese Hilfe in Formen anzubieten, die Missbrauch verhindern beziehungsweise frühzeitig erkennbar machen. Dieses Buch soll auch anderen Mut machen, diesen Weg zu gehen, sich den Fragen zu stellen und unsere Kultur zu verändern.

Ein Wort zum Sprachgebrauch: In diesem Buch ist häufig von „sexuellem Missbrauch" die Rede. Damit bezeichnen wir jedes Fehlverhalten von Mitarbeitenden gegen das sexuelle Selbstbestimmungsrecht der Hilfesuchenden. Wir folgen damit der juristischen Konnotation des Sprachgebrauchs und wollen keinesfalls nahelegen, dass es einen richtigen Gebrauch gibt. Würde man vornehmlich dem pädagogisch-psychologischen Sprachgebrauch folgen, sprächen wir bei diesen Taten von „sexueller" oder „sexualisierter Gewalt". Da wir hier jedoch den Schwerpunkt auf die notwendigen strukturellen und personalpolitischen Veränderungen legen, bedienen wir uns des juristisch gefärbten Begriffes und sprechen analog zur Rahmenordnung von „strafbaren sexualbezogenen Handlungen" (Arbeitshilfen 246, S. 19).

Wir sind uns bewusst, dass sexuelle Gewalt den Menschen auf den Körper reduziert und die Person negiert. Unser christliches Wertverständnis dagegen stellt den ganzen Menschen in den Mittelpunkt unseres Handelns. Somit hat die Beschäftigung mit dieser Thematik auch eine ethische Dimension. Unser Buch versteht sich als ein Baustein auf dem Weg zu einer Kulturveränderung in der Caritas.

In einem zweijährigen Projekt mit der Universität Ulm, Abteilung Kinder- und Jugendpsychiatrie/Psychotherapie (Ärztlicher Direktor: Prof. Dr. Jörg M. Fegert), haben die Kollegen/innen aus der Wissenschaft zunächst den Stand und den Bedarf an Maßnahmen zum Schutz vor Kindeswohlgefährdungen durch Mitarbeitende mittels einer Online-Befragung erhoben. Diese Ergebnisse wurden im Juni 2013 in einem Studientag den beteiligten Einrichtungen vorgestellt. Im zweiten Projektjahr erhielten die sieben beteiligten Einrichtungen die Möglichkeit, einzelne Maßnahmen für ihren Bereich weiter zu entwickeln.

Dieses Projekt wurde mit dem Fachforum „Prävention von sexueller Gewalt" im Oktober 2014 abgeschlossen. Gleichzeitig ist das Fachforum der Auftakt zu einem regelmäßigen Fachaustausch zu diesem Thema im Bereich der Caritas der Diözese Rottenburg-Stuttgart, der zukünftig jährlich stattfinden wird.

Der Artikel von Wolfgang Tripp stellt vor, wie wir im Caritasverband auf der Grundlage einer strukturellen Risikoanalyse ein institutionelles Schutzkonzept implementiert haben. Der Beitrag von Dr. Hubert Liebhardt, Prof. Dr.

Jörg M. Fegert und Carolin Schloz beschreibt die Projektkonzeption, den Projektverlauf und markante Ergebnisse des Projektes. Die sieben Praxisbeispiele zeigen, wie in zwei Einrichtungen des Caritasverbandes und fünf von Mitgliedern getragenen Einrichtungen, also in sieben sehr unterschiedlichen Organisationsformen, die Gefährdung durch Mitarbeiterverhalten analysiert wurde.

Die Fachartikel von Prof. Dr. Mechthild Wolff, Dr. Hubert Liebhardt, Prof. Dr. Sabine Andresen und Gerburg Crone beleuchten jeweils unterschiedliche Gesichtspunkte, die ein solches institutionelles Schutzkonzept qualifizieren.

Dieses Buch konnte nur durch die umsichtige Unterstützung im Projektverlauf von Carolin Schloz und Hans-Peter Häußermann Inhalt, Farbe und Form erhalten.

Darüber hinaus möchten wir zwei Gruppen unseren besonderen Dank aussprechen: Zum einen der Steuerungsgruppe, bestehend aus Frau Sabine Hesse, Frau Anita Hafner-Beck, Herrn Ralph Bruder, Herrn Christoph Gräf, Herrn Jörg Stein und Herrn Detlef Wiesinger, die dieses Projekt mit kritischen und wohlwollenden Blicken und Kommentaren über zwei Jahre begleitet haben. Zum anderen gilt unser Dank insbesondere den Projektmitarbeitenden, die sich im zweiten Projektjahr auf den Weg gemacht haben, um in ihren Einrichtungen Maßnahmen anzustoßen und umzusetzen. Durch sie ist im Praxistest erfahrbar geworden, was eine Umsetzung von Schutzmaßnahmen für eine Einrichtung bedeutet.

Dieses Projekt war nur möglich durch die großzügige finanzielle Unterstützung der Veronika-Stiftung der Diözese Rottenburg-Stuttgart und der Stiftung LebenswerkZukunft des Caritasverbandes der Diözese Rottenburg-Stuttgart.

Unsere Hoffnung ist, dass dieses Buch andere Einrichtungen anregt, den Schutz vor sexuellem Missbrauch weiter zu entwickeln.

Stuttgart, im Sommer 2014
Gerburg Crone und Hubert Liebhardt

Literatur

Aufklärung und Vorbeugung – Dokumente zum Umgang mit sexuellem Missbrauch im Bereich der Deutschen Bischofskonferenz: 31.3.2014 In: Arbeitshilfen 246: Sekretariat der Deutschen Bischofskonferenz.

Katholisches Amtsblatt der Diözese Rottenburg-Stuttgart Nr. 13 vom 15.10.2010, Rotten-
burg, Bischöfliches Ordinariat.

Reemtsma, J. P. (2008): Vertrauen und Gewalt. Versuch über eine besondere Konstellation der Moderne, Hamburg: Hamburger Edition.

Schloz, C./Liebhardt, H. (2013): Maßnahmen eines institutionellen Kinderschutzes – eine
Analyse von Strukturmerkmalen von Einrichtungen und Diensten im Caritasverband
der Diözese Rottenburg-Stuttgart e.V.; http://vts.uni-ulm.de/doc.asp?id=9075 (Abruf
9. Juli 2014).

Das institutionelle Schutzkonzept des Caritasverbandes der Diözese Rottenburg-Stuttgart

Wolfgang Tripp

Das tiefe Erschrecken über das Ausmaß des Skandals, den die sogenannte Heimkinderstudie 2011 unter dem Titel „Die Zeit heilt keine Wunden" (Schäfer-Walkmann/Störk-Biber/Tries 2011) zu Tage gefördert und dokumentiert hatte, war für den Caritasverband der Diözese Rottenburg-Stuttgart (DiCV) der entscheidende Impuls, alles daran zu setzen, das Thema „Kinderschutz" institutionell zu verankern und sich dafür qualifiziert aufzustellen.

So wurde zum einen mit den „Leitlinien zur Prävention von sexuellem Missbrauch" 2012 eine Qualitätsentwicklung angestoßen, die die Einrichtungen des DiCV und seiner Mitglieder, die sich auf diese Leitlinien verpflichtet haben, sensibilisiert für die Frage des angemessenen Verhaltens gegenüber Minderjährigen und Schutzbefohlenen. Zum anderen hat der Verband als eigener Träger von Sozialer Arbeit ein institutionelles Schutzkonzept etabliert, das gleichermaßen Antwort gibt auf allen drei entscheidenden Ebenen: der Ergebnis-, der Struktur- und der Prozessqualität. Sichergestellt wird dieses Qualitätsmanagement im Verband durch die speziell dafür eingerichtete Stabsstelle Prävention/Kinderschutz.

1 Träger und Auftrag

Der Caritasverband der Diözese Rottenburg-Stuttgart zählt als Wohlfahrtsverband der katholischen Kirche zu den Spitzenverbänden der freien Wohlfahrtspflege von Baden-Württemberg. Er vertritt ca. 1 800 katholische Einrichtungen und Dienste in allen Sparten der pflegerischen und sozialen Arbeit. Etwa 28 000 Mitarbeitende begleiten und betreuen ca. 430 000 Klientinnen und Klienten pro Jahr und werden dabei von etwa 28 000 ehrenamtlich bzw. freiwillig Engagierten unterstützt. Der DiCV ist selbst Träger ambulanter sozialer Dienste in neun Regionen und einer Geschäftsstelle in Stuttgart, in der verbandsübergreifende Aufgaben und das Management der spitzenverbandlichen Arbeit angesiedelt sind, mit insgesamt 1 200 Mitarbeitenden.

Als Träger steht der Caritasverband in der Verantwortung, seinem Schutzauftrag gegenüber den Hilfesuchenden entsprechend seinem gesetzlichen und diakonischen Auftrag gerecht zu werden. So hat er alle ihm in seinen Diensten und Einrichtungen anvertrauten Menschen vor Gewalt und sexuellem Missbrauch zu schützen. Er verpflichtet zu diesem Schutz alle Mitarbeitenden, die mit den Hilfesuchenden zu tun haben.

2 Ergebnisse – oder: Was entsteht?

Als leitende Ziele der verbandlichen Qualitätsentwicklung in Sachen „Kinderschutz" wurden festgelegt:

- In den Einrichtungen gibt es durch die gewachsene Kultur der Achtsamkeit und Verantwortung eine hohe Sensibilität für Gefährdungsräume und Vorfälle.
- In den Einrichtungen kann offen über Schwierigkeiten im Umgang mit den Hilfesuchenden und Anvertrauten gesprochen werden.
- Die Einrichtungen haben ein transparentes Qualitätsmanagement, das externe Partner beteiligt.
- Fälle von Übergriffen bzw. Fehlverhalten werden unverzüglich behandelt.
- Fälschlich bezichtigte Professionelle sollen durch ein Rehabilitationsverfahren weiter in „ihrer" Einrichtung arbeiten können.

Im Oktober 2012 wurden die vom Bischof unterzeichneten „Leitlinien zur Prävention von sexuellem Missbrauch sowie zum Verhalten bei Missbrauchsfällen in den Diensten und Einrichtungen des Caritasverbandes der Diözese Rottenburg-Stuttgart e.V." im Katholischen Amtsblatt der Diözese Rottenburg-Stuttgart veröffentlicht und damit in Kraft gesetzt. Auf den in diesen Leitlinien beschriebenen Meldeweg haben sich bislang 69 der derzeit 86 Mitglieder des Caritasverbandes verpflichtet. Für die anderen gelten die Leitlinien der Diözese, der Schulstiftung oder der Orden. Entsprechend den Leitlinien sind Meldewege implementiert, wie der unabhängige Missbrauchsbeauftragte der Caritas erreicht werden kann. Weiterhin ist in einem sogenannten „Ehrenkontrakt" ein Verhaltenskodex niedergelegt, der für alle haupt- *und* ehrenamtlich Mitarbeitenden gilt. Für seine Führungskräfte hat der Verband explizite Handlungsanweisungen erlassen, die unter anderem den Umgang mit dem Ehrenkontrakt verpflichtend regeln.

Innerhalb des Caritasverbandes entsteht durch den Qualitätsentwicklungsprozess des institutionellen Kinderschutzes eine Kultur der Achtsamkeit und Verantwortung. Das Thema wurde für alle Mitarbeitenden und Hilfesuchenden öffentlich gemacht. Die Strukturen des Umgangs mit sexuellem Missbrauch in den Einrichtungen sind transparent und klar geregelt, so dass für alle Betroffenen Hilfe und Unterstützung erreichbar sind und jeder Meldung nachgegangen wird. Mitarbeitende und Führungskräfte können Entlastung und Unterstützung in belastenden Situationen nach entsprechendem Fehlverhalten von Mitarbeitenden durch die Stabsstelle und den Missbrauchsbeauftragten erfahren. Eine enge Kooperation der Stabsstelle Prävention/Kinderschutz des Caritasverbandes mit der Präventionsbeauftragten der Diözese wie die Vernetzung im Diözesanen Präventionsnetzwerk und mit anderen Caritasverbänden wurden aufgebaut.

3 Prozesse – oder: Wie arbeiten wir?

Die Kernprozesse der Arbeit vollziehen sich auf drei unterschiedlichen Ebenen:

3.1 Dienstleistungsprozesse

3.1.1 Unabhängiger Missbrauchsbeauftragter

Vom Bischof wurde ein Missbrauchsbeauftragter ernannt, der finanziell nicht in Abhängigkeit zum Caritasverband oder zur Diözese steht. Er ist über alle (Verdachts-)Fälle von sexuellem Missbrauch zu informieren und bei allen (Verdachts-)Fällen hinzu zu ziehen. Seine Aufgabe ist die Begleitung eines Aufklärungsprozesses. Er hat eine Art Wächterfunktion, damit kein Fall vertuscht wird, jedem Fall nachgegangen wird, die Opfer Unterstützung erfahren sowie gegebenenfalls Strafanzeige gestellt wird und Entlassungen vorgenommen werden. Seine Aufgabe ist ebenfalls, über die Meldung eines (Verdachts-)Falles an die diözesane Kommission sexueller Missbrauch (KsM) den Bischof zu informieren. Damit ist die Verzahnung mit der verfassten Kirche der Diözese sichergestellt.

3.1.2 Meldung

Im Oktober 2012 wurde über die Nummer 0800 4300400 eine Telefonhotline eingerichtet, über die sich Betroffene mit dem Missbrauchsbeauftragten in Verbindung setzen können. Ebenso kann über die Webadresse *www.caritas-gegen-missbrauch.de* per Mail Kontakt aufgenommen werden. Jede Meldung geht parallel zugleich zum Missbrauchsbeauftragten und zur Stabsstelle Prävention/Kinderschutz, die mit der Dokumentation und „Geschäftsführung" der eingehenden Meldungen betraut ist.

3.1.3 Aufarbeitung

Nach einer Meldung wird zuerst geprüft, ob und in welcher Form der bzw. die Beschuldigte beim Caritasverband beschäftigt ist. Dazu gehört auch die Klärung gemeinsam mit der Leitung vor Ort, inwiefern der Tatvorwurf möglich gewesen sein könnte. Im Prozess der Bearbeitung einer Meldung wird das Vier-Augen-Prinzip beachtet, d.h. die Gespräche mit Betroffenen, Beschuldigten, Angehörigen, Kollegen und Führungspersonen werden gemeinsam vom Missbrauchsbeauftragten und der Stabsstelle geführt. Am Ende stehen eine Bewertung des Vorfalls und die Einleitung notwendiger Maßnahmen. Dazu gehören die Klärung gegebenenfalls notwendiger Hilfe und Unterstützung für die Betroffenen und Angehörigen, arbeitsrechtlicher Schritte gegenüber dem bzw. der Beschuldigten, des Unterstützungsbedarfs für die Leitung und für das Team bzw. die Kollegen, gegebenenfalls die Meldung an die Aufsichtsbehörde (Heimaufsicht/Jugendamt) oder das Stellen einer Strafanzeige, die Meldung an die Kommission sexueller Missbrauch der Diözese und an den Vorsitz des Diözesan-Caritasrates als Aufsichtsrat des DiCV. Weiterhin unterstützt der DiCV über seine Stelle „Kommunikation und Markenpolitik" die Leitungen vor Ort bei den notwendigen Schritten der Öffentlichkeitsarbeit.

3.1.4 Materielle Anerkennung

Selbstverständlich melden sich auch immer wieder ehemalige Heimkinder, die von sexueller Gewalt betroffen waren. Zum einem geht es dabei um den verständlichen Wunsch, dass erlittenes Unrecht wahrgenommen und somit auch gewürdigt wird, dass ihnen Leid und Schaden zugefügt wurden. Zum anderen steht diesen ehemaligen Heimkindern ein Anspruch auf materielle Anerkennung des Leides zu, die die Deutsche Bischofskonferenz allen Betroffenen zugesagt hat. Die Feststellung der Plausibilität und Glaubwürdigkeit der Vorwürfe geschieht analog zum Prozess der unter 3.1.3. beschriebe-

nen Schritte der Aufarbeitung. Der Missbrauchsbeauftragte und die Stabsstelle schildern ihre Einschätzung der Diözesanen Kommission sexueller
Missbrauch der Diözese, die diesen Antrag entsprechend an die zuständige
Stelle der Deutschen Bischofskonferenz weiterleitet. Bei einem positiven Bescheid teilt der Bischof zusammen mit dem Missbrauchsbeauftragten des
DiCV der bzw. dem Antragsstellenden die Auszahlung der Anerkennungs-
summe mit. Ein ablehnender Bescheid wird von der Kommission im Auftrag
des Bischofs ausgesprochen.

3.1.5 Beratung und Durchführung von Präventionsveranstaltungen

Jede bzw. jeder Mitarbeitende einer Einrichtung und jedes selbständige Mitglied des DiCV kann sich von der Stabsstelle in Sachen Fortbildung und
Maßnahmenentwicklung zur Prävention sexueller Gewalt beraten lassen und
erhält Unterstützung bei der Suche nach geeigneten Fachkräften für Fortbildungen.

Alle Führungskräfte des DiCV und alle Ehrenamtskoordinatorinnen und
-koordinatoren sind im Laufe des Jahres 2013 geschult worden, die „Leitlinien" entsprechend den Handlungsanweisungen umzusetzen und auch als
Multiplikatorinnen und Multiplikatoren das verbindliche Prozedere ihren
Mitarbeitenden und Ehrenamtlichen vermitteln und weitergeben zu können.
Dazu fanden fünf Führungskräfteschulungen und zwei Schulungen für die
Ehrenamtskoordinatoren statt. Insgesamt wurden so 126 Mitarbeitende in
vierstündigen Fortbildungen geschult: 93 Führungskräfte und 33 Ehrenamts-
koordinatorinnen und -koordinatoren.

3.2 Managementprozesse

3.2.1 Handlungsanweisungen des DiCV

Im Dezember 2013 konnten für den DiCV die Handlungsanweisungen fertiggestellt werden, die für die Führungskräfte des DiCV unter anderem verbindlich regeln, wie die Vorlage des erweiterten Führungszeugnisses von
Mitarbeitenden zu dokumentieren ist, die regelmäßig Kontakt mit Kindern
und Jugendlichen haben. Selbständige Mitglieder des Verbandes, die dessen
Leitlinien übernommen haben, haben entsprechende Regelungen in ihren
Zuständigkeiten umgesetzt.

3.2.2 Risikoanalyse

Um die Gefährdungspotentiale eines jeden Arbeitsplatzes innerhalb des DiCV strukturell zu analysieren und daraufhin auch zu entscheiden, wer aufgrund des Bundeskinderschutzgesetzes und des bischöflichen Gesetzes ein erweitertes Führungszeugnis vorlegen muss, haben die Regionalleitungen gemeinsam mit der Mitarbeitervertretung eine strukturelle Risikoanalyse vorgenommen. Diese wurde vom Vorstand und der Gesamtmitarbeitervertretung für alle verbindlich geregelt. Für die mit entsprechendem Gefährdungspotential eingestuften Arbeitsplätze gilt, dass die Mitarbeitenden in regelmäßigen Abständen (alle fünf Jahre) ein erweitertes Führungszeugnis vorlegen müssen.

Was eine solche Risikoanalyse betrifft, so liegt auch diese in der eigenen Verantwortung jedes Mitglieds, das sich auf die Leitlinien des DiCV verpflichtet hat.

3.2.3 Rehabilitation

Innerhalb des DiCV wurde mit der Gesamtmitarbeitervertretung vereinbart, dass jede bzw. jeder Mitarbeitende, die bzw. der fälschlich beschuldigt wurde, ein Recht auf eine angemessene Rehabilitation hat. Dazu gehört, dass sie bzw. er bei Bedarf sowohl psychotherapeutische als auch juristische Unterstützung erfährt, um die Anschuldigung und mögliche Konsequenzen daraus zu verarbeiten. Der Arbeitgeber verpflichtet sich, sämtliche Stellen, die über die Beschuldigung informiert waren, über die Fehlerhaftigkeit dieses Verdachts zu informieren und mit der bzw. dem Betroffenen entsprechende Schritte zur Information der Öffentlichkeit zu vereinbaren. Aktenmäßig wird der Vorgang der Bestätigung des falschen Verdachts ausschließlich bei der Geschäftsführung des unabhängigen Missbrauchsbeauftragten dokumentiert.

Auch für die Gestaltung der Rehabilitation gilt, dass die Leitlinien die Mitglieder lediglich zur Ausgestaltung eines entsprechenden Prozesses verpflichten. Der Prozess selbst liegt in der Verantwortung jedes Mitglieds.

3.2.4 Datenschutz

Meldungen, die über die Hotline oder die Webadresse eingehen, werden auf dem Format der Caritas-Online-Beratungsdienste geführt. Damit ist ein höchst möglicher Sicherheitsstandard an Verschlüsselung garantiert. Alle zusätzlichen Informationen und Unterlagen zu einer Meldung werden auf einem gesonderten Laufwerk abgelegt und als Handakte verschlossen im Archiv aufbewahrt. Zugang zum Laufwerk haben ausschließlich die Mitglieder

der Caritas-Kommission. Eventuell zu vernichtende Unterlagen werden durch einen eigenen Aktenvernichter im Büro der Stabsstelle Prävention/Kinderschutz beim Caritasverband geschreddert.

3.3 Reflexionsprozesse

3.3.1 Schriftliche Nachbefragung

Nach der Bearbeitung jeder eingegangenen Meldung ist der Caritasverband verpflichtet, der KsM Bericht zu erstatten. Sechs Monate nach Beendigung der Bearbeitung einer Meldung wird seitens der Stabsstelle Prävention/Kinderschutz eine schriftliche Nachbefragung in der Einrichtung vor Ort veranlasst, um die Qualität der Bearbeitung zu sichern.

3.3.2 Rechenschaftsbericht

Die Stabsstelle legt in regelmäßigen Abständen einen Rechenschaftsbericht über ihre Arbeit und die umgesetzten Maßnahmen vor. Dieser dient auch dazu, die Qualität der Arbeit kontinuierlich zu reflektieren und sie nach außen transparent zu machen. Der jeweils aktuelle Rechenschaftsbericht wird auf der Homepage www.caritas-gegen-missbrauch.de veröffentlicht.

3.3.3 Erinnerungsrituale

Gemeinsam mit den Einrichtungen werden geeignete Erinnerungsrituale gesucht und entwickelt, um in der Institution das Lernen aus struktureller Verfehlung wach zu halten, was als wesentlicher Bestandteil einer guten Fehlerkultur zu betrachten ist.

4 Struktur – oder: Womit arbeiten wir?

4.1 Die „Leitlinien zur Prävention von sexuellem Missbrauch sowie zum Verhalten bei Missbrauchsfällen in den Diensten und Einrichtungen des Caritasverbandes der Diözese Rottenburg-Stuttgart e.V."

Diese Leitlinien nennen die handlungsleitenden Werte des Caritasverbandes, hier insbesondere den Schutz der anvertrauten Menschen vor sexueller Gewalt. Die Leitlinien fordern ein präventives Konzept ein, das sich sowohl auf die Auswahl und Qualifizierung des Personals als auch auf weitere Maßnahmen wie Teamentwicklung, Verhaltenskodex und Öffentlichkeitsarbeit bezieht.

4.2 Der „Ehrenkontrakt" des DiCV

Auf diesen verpflichten sich alle haupt- und ehrenamtlichen Mitarbeitenden und der Caritasverband gegenseitig. Dies macht deutlich, dass die Personalität der Menschen, die sich hilfesuchend an die Caritas wenden, im Zentrum steht. Dieser Verhaltenskodex spricht die jeweilige Verantwortung an, die Mitarbeitende füreinander und für die ihnen Anvertrauten haben. Er verpflichtet Alle dazu, Fehlverhalten zu melden. Dieser Ehrenkontrakt wird mit jedem bzw. jeder einzelnen Mitarbeitenden besprochen, um sich dieses Verhaltenskodexes zu versichern. Mitglieder, die sich auf die Leitlinien des Caritasverbandes verpflichtet haben, haben zum Teil den Wortlaut des Ehrenkontrakts übernommen oder Vergleichbares für den eigenen Geltungsbereich entwickelt.

4.3 Der unabhängige Missbrauchsbeauftragte

Er ist notwendiger Adressat der Meldung eines Vorfalls. Das kann über die Leitung einer Einrichtung geschehen und bzw. oder unmittelbar an den Missbrauchsbeauftragten. Der Missbrauchsbeauftragte wurde für die Caritas vom Bischof ernannt und arbeitet im Ehrenamt. Er ist ständiger Berater in der Kommission sexueller Missbrauch (KsM) der Diözese Rottenburg-Stuttgart.

4.4 Die Meldung eines Vorfalls

Diese ist möglich über eine Hotlinenummer (0800 4300400), über das Webportal *www.caritas-gegen-missbrauch.de* oder über die Stabsstelle Prävention/Kinderschutz.

4.5 Die Stabsstelle Prävention/Kinderschutz beim Caritasverband

Sie übernimmt die Geschäftsführung für den ehrenamtlich tätigen Missbrauchsbeauftragten. Fehlverhalten von Mitarbeitenden gegen das sexuelle Selbstbestimmungsrecht ist nach Rücksprache mit dem Opfer gemäß den Leitlinien sowohl den Strafverfolgungsbehörden als auch dem Bischof und der Kommission sexueller Missbrauch der Diözese zu melden.

4.6 Die Handlungsanweisungen

Hierin hat der Caritasverband geregelt, wie die Leitlinien umgesetzt werden und der Schutz durch geeignetes Personal sichergestellt werden kann. Mit jedem bzw. jeder Mitarbeitenden, der bzw. die mit ihm bzw. ihr anvertrauten minderjährigen Menschen arbeitet, wird das Thema sexuelle Gewalt im Bewerbungsverfahren thematisiert und er bzw. sie muss an allen Arbeitsplätzen mit Kontakt mit Minderjährigen regelmäßig mit Hilfe des erweiterten Führungszeugnisses nachweisen, dass er bzw. sie nicht wegen Straftaten gegenüber dem sexuellen Selbstbestimmungsrecht verurteilt wurde. Die Mitglieder, die sich auf die Leitlinien des Verbandes verpflichtet haben, müssen entsprechende Regelungen für ihren Geltungsbereich erlassen.

4.7 Reflexionsräume und Qualifizierungsmaßnahmen für Mitarbeitende

Der Caritasverband hat sich verpflichtet, für seine Mitarbeitenden regelmäßig notwendige Qualifizierungsmaßnahmen anzubieten und für geeignete Reflexionsräume zu sorgen. Dies sind wesentliche Orte, über die ein verändertes Bewusstsein und eine entsprechende Kultur wachsen können. Hiermit macht der Verband auch deutlich, dass das Bewusstmachen von Gefährdungssituationen zeitliche Ressourcen benötigt und fachliche Unterstützung erfordert. Für alle interessierten Mitarbeitenden des DiCV und seiner Mitglieder bietet der Verband das „Fachforum Prävention von sexueller Gewalt" an, das im regelmäßigen Turnus den Fachaustausch fördert und damit zur Qualifizierung der Einrichtungen beiträgt.

4.8 Insoweit erfahrene Fachkraft

Als Ansprechpartnerin und Partner für fachliche Nachfragen sind in jeder Caritasregion insoweit erfahrene Fachkräfte in den Teams der Psychologischen Familien- und Lebensberatungsstellen und in den Kinder- und Jugendhilfeeinrichtungen der Mitglieder etabliert, die vor Ort bei allen Unsicherheiten zur Einschätzung von vermutetem sexuellen Missbrauch bei Klientinnen und Klienten genutzt werden müssen. Diese Fachkräfte müssen sich auf der Grundlage des Sozialgesetzbuches VIII §8a regelmäßig in der Einschätzung von Kindeswohlgefährdung fortbilden. Sie sind nicht zuständig für die Einschätzung von Fehlverhalten durch Kollegen. Gleichwohl sind sie in jeder Caritasregion und bei jedem Mitglied eine wesentliche Stütze, um Unsicherheiten bei der Einschätzung einer potentiellen Kindeswohlgefährdung bei den Hilfesuchenden zu bearbeiten. Hier bestehen auch entsprechend dem Bundeskinderschutzgesetz jeweils Vereinbarungen mit dem örtlichen Jugendamt. Sollte eine insoweit erfahrene Fachkraft Hinweise auf ein Fehlverhalten eines Kollegen bzw. einer Kollegin erhalten, muss sie unverzüglich den Missbrauchsbeauftragten in Verbindung mit der Stabsstelle Prävention/Kinderschutz des Caritasverbandes hinzuziehen.

5 Resümee

Der Prozess der Einführung dieses Schutzkonzeptes hat innerhalb des Verbandes und mit den selbständigen Mitgliedern, die sich auf die verbandlichen Leitlinien verpflichtet haben, durchaus kontroverse und bisweilen auch hitzige Diskussionen ausgelöst. Vor allem die Frage um den Grad des notwendigen Vertrauens, aber auch von notwendigem Misstrauen gegenüber Mitarbeiterinnen und Mitarbeitern, wenn es um den höchstmöglichen Schutz von anvertrauten Menschen vor Grenzverletzungen und sexueller Gewalt geht, hat die Gemüter erhitzt und es wurde schnell deutlich: Einen solchen Qualitätsentwicklungsprozess miteinander auf den Weg zu bringen, bedeutet auch, genau hin zu schauen, und sich mit der jeweiligen Kultur des Miteinanders intensiv auseinander zu setzen. Es liegt wohl in der Natur der Sache, dass von dieser Form und Ansage des genauen Hinschauens in einer Organisation nicht alle gleichermaßen überzeugt waren und der Vorwurf nicht nur hinter vorgehaltener Hand zu hören war, man baue einen Popanz auf und schieße mit Kanonen auf Spatzen.

Die Erfahrungen jedoch, die bislang in jenen Fällen gemacht wurden, in denen es in oben beschriebener Weise eine Intervention gegeben hat, sind für den Verband Motivation genug, auf diesem Weg weiter zu gehen, auch wenn er mühsam ist. Mit der Funktion des unabhängigen Missbrauchsbeauftragten und der Stabsstelle Prävention/Kinderschutz beim Caritasverband wurde eine Organisationsform geschaffen, die im Vier-Augen-Prinzip Einrichtungen vor Ort berät, sobald ein Verdachtsfall bekannt wird. Das bedeutet eine klare Entlastung der Leitungskräfte vor Ort bei dieser Art der Beschwerde über einen Mitarbeitenden. Das bedeutet aber auch eine doppelte Sicherheit, die durch die vom Bischof geforderte Transparenz realisiert wird: Zum einen sind, wie es bereits im Bundeskinderschutzgesetz geregelt ist, bei sexuellem Missbrauch die Strafverfolgungsbehörden einzuschalten; zum anderen achtet der Missbrauchsbeauftragte in Zusammenarbeit mit der Kommission sexueller Missbrauch der Diözese darauf, dass kein Fall von sexuellem Missbrauch unter den Teppich gekehrt wird. Die qualifizierte Prozessbegleitung einer Verdachtsmeldung vor Ort ermöglicht die Herstellung der Handlungsfähigkeit des örtlichen Leitungsteams, um somit auch den Opferschutz wahrzunehmen und entsprechende Unterstützungsmaßnahmen für die Betroffenen einleiten zu können. Sie ermöglicht zügiges Handeln und leistet durch die externe Beratung eine objektivierte Überprüfung. Somit schützt sie nicht zuletzt auch den Mitarbeitenden vor Verleumdung. Dieses Verfahren schafft auf diesem Weg der Überprüfung größtmögliche Transparenz und garantiert ein geregeltes Vorgehen bei jeder Form von Nachrede.

Mit dem institutionellen Schutzkonzept hat die Caritas in der Diözese Rottenburg-Stuttgart eine Form entwickelt, wie den Beschwerden, die ein Fehlverhalten von Personen betreffen, nachgegangen wird.

Bei Beschwerden bezüglich mangelhafter Leistungsgewährung und Leistungserbringung nach dem Sozialgesetzbuch VIII ist der Caritasverband seit 2007 mit der „Initiative Habakuk – Recht haben und Recht bekommen" aktiv. 2014 wurden – von den vier baden-württembergischen Verbänden von Diakonie und Caritas sowie dem Verband Privater Kinderheime getragen – landesweit regional verteilt fünf Ombudsstellen eingerichtet. Diese externen Beschwerde- und Ombudsstellen stehen allen Kindern und Jugendlichen und ihren Angehörigen aus allen Einrichtungen und Diensten im Land Baden-Württemberg zur Verfügung und beraten hinsichtlich der Klärung der Rechte auf Leistungen aus dem SGB VIII. In nahezu allen Kinder- und Jugendhilfeeinrichtungen in katholischer Trägerschaft gibt es darüber hinaus Vertrauenspersonen, die von den Minderjährigen gewählt werden, an die sich die Minderjährigen mit allen Anliegen wenden können.

Diese drei verschiedenen Ebenen unserer Beschwerdewege sind nur als vernetztes Beschwerdesystem zu denken und umzusetzen, denn es liegt auf der Hand, dass jeder gemeldete Vorfall von Fehlverhalten eines bzw. einer Mitarbeitenden, der über einen der beschriebenen Wege eingeht und bearbeitet wird, immer auch Anlass gibt, das verbandliche Handeln zu reflektieren und auf den Prüfstand zu stellen – und so im Ergebnis den Weg zu bestätigen oder aber aus aktueller Erfahrung zu korrigieren und weiter zu verbessern. Dauerhaft wird sich darüber auch ein anderer Umgang mit Fehlern etablieren, der vor allem das Ziel hat, im diakonischen Handeln dem Menschen gerecht zu werden. Und zwar dem uns anvertrauten Hilfesuchenden ebenso wie unseren Mitarbeiterinnen und Mitarbeitern, für die wir Verantwortung tragen.

Literatur

Schäfer-Walkmann, S./Störk-Biber, C./Tries, H. (2011): Die Zeit heilt keine Wunden. Heimerziehung in den 1950er und 1960er Jahren in der Diözese Rottenburg-Stuttgart. Freiburg: Lambertus.

Alle aktuellen Materialien des Verbandes finden sich unter www.caritas-gegen-missbrauch.de.

Ein empirisch ausgerichtetes Projekt zur Entwicklung eines institutionellen Kinderschutzkonzepts

Ziele, Methoden, Grenzen und Erkenntnisse

Hubert Liebhardt, Jörg Michael Fegert, Carolin Schloz

1 Ausgangssituation

Im Zuge der Neufassung des Umgangs der Katholischen Kirche mit Fällen sexuellen Missbrauchs durch Geistliche, Ordensmitglieder, Angestellte sowie Ehrenamtliche wurde in den Jahren seit 2001 eine Vielzahl von Leitlinien, Rahmenordnungen und weiteren Hilfestellungen entwickelt, die die Vorstellungen und Empfehlungen der Katholischen Kirche in Bezug auf angemessenes Verhalten und erwünschte Vorgehensweisen bei (Verdachts-)Fällen von sexuellem Missbrauch wiedergeben. Solche Prozesse erfolgten unter anderem auf Ebene des Vatikans (Kongregation für die Glaubenslehre 2011), der Deutschen Bischofskonferenz (2010a; 2010b), des Deutschen Caritasverbandes (2011) und der Diözese Rottenburg-Stuttgart (2010; 2011).

Der Caritasverband der Diözese Rottenburg-Stuttgart legte, insbesondere unter Bezugnahme auf die rechtlich relevanten Leitlinien der Diözese Rottenburg-Stuttgart, im August 2011 seine neue entwickelten Leitlinien[1] vor und ließ diese im Rahmen einer fachgutachterlichen Stellungnahme durch das Dreiländerinstitut Jugend-Familie-Gesellschaft GmbH in Kooperation mit dem Universitätsklinikum Ulm/Klinik für Kinder- und Jugendpsychiatrie/Psychotherapie hinsichtlich ihrer Plausibilität und Praktikabilität analysieren (Liebhardt/Hoffmann/Fegert 2011). Die Ergebnisse zeigten u.a. den Bedarf einer inhaltlichen und (fach-)sprachlichen Präzisierung, eines stärke-

---

1 „Regeln des Caritasverbandes der Diözese Rottenburg-Stuttgart e.V. zur Prävention von sexuellem Missbrauch sowie zum Verhalten bei Missbrauchsfällen in den Diensten und Einrichtungen der Caritas" (Caritasverband der Diözese Rottenburg-Stuttgart 2011)

ren Praxisbezugs und der Klarstellung hinsichtlich der unterschiedlichen Referenzdokumente auf. Durch die Umsetzung dieser Schlussfolgerungen soll die Handlungsunsicherheit in der Praxis minimiert werden. In Bezug auf die Mindeststandards zum Kinderschutz in Institutionen wurden in den Bereichen Personal, Beschwerdemanagement und der Dokumentation von Vorfällen Verbesserungen vorgeschlagen.

Der aktuelle Stand der Fachdiskussion, die Mindeststandards, welche als „Minimalanforderungen an den Kinderschutz in Institutionen" (BMFSFJ/ BMJ/BBF 2011, S. 125) von der Arbeitsgruppe I „Prävention – Intervention – Information" des Runden Tisches Sexueller Kindesmissbrauch konzipiert worden sind, und auch das neue Bundeskinderschutzgesetz, das die Prävention und Intervention des Kinderschutzes weiter stärkt (BKiSchG 2011), stellen die zentralen Maßstäbe dar, die zur Einschätzung und Bewertung herangezogen wurden und zu berücksichtigen sind.

In den Mindeststandards (Wolff/Fegert/Schröer 2012) werden beispielsweise folgende Maßnahmen genannt: Vorlage eines trägerspezifischen Kinderschutzkonzepts, Implementierung von kinderschutzorientierten Personalentwicklungsmaßnahmen, einrichtungsinterne Analyse zu arbeitsfeldspezifischen Gefährdungspotenzialen und Gelegenheitsstrukturen, Implementierung von Beteiligungsformen für Kinder und Jugendliche, internes und externes Beschwerdeverfahren, Managementplan bei Verdachtsfällen, Hinzuziehung eines/einer externen Beraters/Beraterin bei Verdachtsfällen, Dokumentationswesen für Verdachtsfälle, themenspezifische Fortbildungsmaßnahmen für Mitarbeiterinnen und Mitarbeiter durch externe Fachkräfte. Das Bundeskinderschutzgesetz regelt zudem andere, in diesem Zusammenhang wesentliche Aspekte wie z.B. die Verpflichtung zur Qualitätsentwicklung in der Kinder- und Jugendhilfe mittels Einführung verbindlicher Standards und der Notwendigkeit zur Einsichtnahme in erweiterte Führungszeugnisse für hauptamtliches Personal (BKiSchG 2011; Liebhardt/Rizzuto/Dudas 2013). Trägerspezifische Leitlinien schaffen dabei eine wichtige Referenzgröße für einen verbindlichen Rahmen zur Etablierung von Schutzkonzepten.

Auf der Basis der stärker auf die Mindeststandards für Kinderschutz in Institutionen abzustimmenden Leitlinien müssen konkrete Maßnahmen zur Verbesserung des Kinderschutzes in den Einrichtungen und Diensten des Caritasverbandes der Diözese Rottenburg-Stuttgart folgen, welche in dem diesem Bericht zugrundeliegenden Projekt initiiert wurden. Um eine Kultur der Achtsamkeit und Verantwortung zu entwickeln und den Schutzraumgedanken in kirchlichen Einrichtungen zu etablieren, bedarf es eines langfristigen Organisationsentwicklungsprozesses. Alle Einrichtungen und Dienste, die mit und für Kinder(n) und Jugendliche(n) arbeiten, benötigen in jeder einzelnen Organisationseinheit klare Mindeststandards, die in einem Kinderschutzkonzept (Präventionskonzept) des Caritasverbandes der Diözese Rottenburg-Stuttgart erfasst sind. Eine Schwierigkeit im vorliegenden Fall besteht zusätzlich darin, dass der Caritasverband der Diözese Rottenburg-Stuttgart einerseits Träger von Einrichtungen und andererseits Spitzenverband ist. In der Funktion als Spitzenverband besteht seitens des Verbandes keine Weisungsbefugnis gegenüber den Mitgliedern, weshalb diese zwar eingeladen, informiert und motiviert werden können, es letztlich aber nicht möglich ist, verbindliche Reglementierungen vorzugeben.

Inhalte dieses caritasspezifischen Kinderschutzkonzepts sollten ein einrichtungsspezifisches Analyseverfahren zu arbeitsfeldspezifischen Gefährdungspotenzialen, ein Dokumentationswesen als Nachweis von Maßnahmen für mögliche strafrechtliche Ermittlungen, kinderschutzorientierte Personalqualifizierungsmaßnahmen, die Etablierung eines niederschwelligen und anonymisierten Beschwerdesystems als Teil des verbandlichen Qualitätsmanagements sowie ein Kriseninterventionsplan (Managementplan im Verdachtsfall) sein.

2 Projekt „Entwicklung eines caritasspezifischen Kinderschutzkonzeptes" (2012–2014)

2.1 Zielsetzung

Ziel des Projektes ist es, dem identifizierten Weiterentwicklungsbedarf von konkreten Kinderschutzmaßnahmen zu begegnen und ein caritasspezifisches Kinderschutzkonzept mit exemplarisch ausgewählten Praxispartnern des Caritasverbandes zu entwickeln und zu implementieren. Dieses soll den (fach-)politischen Forderungen gerecht werden und ist in einem größeren Zusammenhang auch als ein Beitrag zu den Aktivitäten zur Umsetzung der Kinderrechte gemäß der UN-Kinderrechtskonvention (BMFSFJ 1990), insbesondere des Rechts auf Schutz von Kindern und Jugendlichen vor Gewalt und Missbrauch, zu verorten.

2.2 Struktur

Das Projekt ist direkt beim Caritasverband der Diözese Rottenburg-Stuttgart mit Sitz in Stuttgart angesiedelt und mit der Stabsstelle Prävention/Kinderschutz dem ersten Vorstand[2] zugeordnet. Als Projektleitung sind sowohl eine

---

2 Prälat Wolfgang Tripp, erster Vorstand (DiCV RS), s. zur Struktur auch seinen Artikel

operative Projektleitung aus den Reihen des Diözesancaritasverbandes[3] als auch eine wissenschaftliche Projektleitung aus der Klinik für Kinder- und Jugendpsychiatrie/Psychotherapie (KJPP) Ulm[4], die als gleichberechtigte Partner fungieren, eingesetzt. Der Projektleitung ist eine Steuerungsgruppe übergeordnet, die mit Mitgliedern aus der Geschäftsstelle des Diözesancaritasverbandes besetzt ist[5]. Aufgaben dieser Steuerungsgruppe sind die verbandsinterne Projektüberwachung sowie die Abnahme der Meilensteinergebnisse.

Das Forschungsteam an der KJPP Ulm ist neben der wissenschaftlichen Projektleitung mit einer wissenschaftlichen Mitarbeiterin[6] ausgestattet und wird durch eine externe Honorarkraft[7] mit Expertise in den Bereichen Mindeststandards in Institutionen, Qualitäts- und Beschwerdemanagement ergänzt. Die wissenschaftliche Supervision verantwortet der ärztliche Direktor der KJPP Ulm[8].

Zudem wurde ein Beirat aus vier Mitgliedern des Caritasverbandes der Diözese Rottenburg-Stuttgart (Stiftung Liebenau für die Arbeitsgemeinschaft Behinderung und Psychiatrie, Franz von Assisi-Gesellschaft für die Arbeitsgemeinschaft Erziehungshilfen, der Landesverband Katholischer Kindertagesstätten und das Familienerholungswerk als Vertreter der katholischen Fachverbände) und einem Vertreter der Caritasregion Ulm für den Caritasverband der Diözese Rottenburg-Stuttgart als Träger eigener Angebote etabliert, der wesentliche Entwicklungen und Ergebnisse des Projekts kritisch bewertet und Empfehlungen für die weitere Arbeit abgibt[9]. Die Präventionsbeauftragte der Diözese[10] war als Gast in den Beirat eingebunden.

2.2 Verlauf

Im ersten Projektjahr waren alle Dienste und Einrichtungen des Caritasverbandes der Diözese Rottenburg-Stuttgart aus den verschiedenen Handlungs-

---

in diesem Buch.

3 Besetzt durch Frau Gerburg Crone, Stabsstelle Prävention/Kinderschutz (DiCV RS).

4 Besetzt durch Herrn Dr. Hubert Liebhardt (KJPP Ulm).

5 Mitglieder: Herr Michael Buck (Vorsitzender), Frau Barbara Deifel-Vogelmann, Herr Herbert Jansen (DiCV RS).

6 Frau Carolin Schloz, Dipl. Pädagogin (KJPP Ulm).

7 Frau Prof. Dr. Mechthild Wolff, Hochschule Landshut.

8 Herr Prof. Dr. Jörg M. Fegert (KJPP Ulm).

9 Mitglieder: Herr Christoph Gräf, Herr Detlev Wiesinger, Frau Anita Hafner-Beck, Herr Jörg Stein und Herr Ralph Bruder.

10 Frau Sabine Hesse.

feldern eingebunden und dazu aufgerufen, sich an der stattfindenden Status-Quo-Erhebung zu beteiligen. Im zweiten Projektjahr erfolgte die konkrete Weiterarbeit unter der Beteiligung ausgewählter Partnereinrichtungen in definierten Modellpraxisfeldern, wobei die in dieser Projektphase erzielten Ergebnisse und Fortschritte abschließend wieder mit der umfassenden Gruppe aller interessierten Dienste und Einrichtungen geteilt und vergemeinschaftet wurden.

2.2.1 Erstes Projektjahr: Online-Befragung

Im ersten Projektjahr wurde die Erhebung des Status Quo in den Einrichtungen und Diensten des Diözesancaritasverbandes hinsichtlich bereits umgesetzter Maßnahmen und bewusstseinsbildender Prozesse realisiert. Es fand eine Online-Befragung statt, die sich an alle Leitungskräfte von Diensten und Einrichtungen des Caritasverbands der Diözese Rottenburg-Stuttgart richtete, die mit der Betreuung und/oder Beratung von Kindern und Jugendlichen beauftragt sind. Das Befragungsinstrument sowie die Befragungsmodalitäten wurden im intensiven und kontinuierlichen Austausch mit allen Beteiligten inklusive dem Beirat entwickelt und umgesetzt. Die Datenerhebung fand im Zeitraum vom 14. März 2013 bis 8. Mai 2013 statt und lieferte 214 vollständig ausgefüllte Datensätze, die in die weitere Analyse eingingen.

Ziel der Befragung war, zu erfassen, auf welchem Stand die Aktivitäten für einen verbesserten Schutz vor bzw. einem verbesserten Umgang mit sexualisierter Gewalt aktuell bereits sind. Hierbei wurden die unterschiedlichen strukturellen Gegebenheiten berücksichtigt und es wurde zwischen verschiedenen Handlungsfeldern (beispielsweise Kindertagesstätten vs. Einrichtungen im stationären Bereich) unterschieden. Weiterhin sollte die Befragung klären, wo Schwierigkeiten bei der Umsetzung von Maßnahmen zu einem besseren Schutz vor bzw. einem besseren Umgang mit sexualisierter Gewalt bestehen und wo die Dienste und Einrichtungen Bedarf an inhaltlicher Unterstützung bei der weiteren Konzeptentwicklung sehen. Auch die Frage nach Ressourcen, die die Dienste und Einrichtungen als notwendig erachten, um Maßnahmen für einen besseren Schutz vor bzw. Umgang mit sexualisierter Gewalt (weiter-)entwickeln zu können, wurde gestellt. Eine pragmatische Zielsetzung für den weiteren Projektverlauf stellte zudem die Identifizierung von Präventionslücken und Ansatzpunkten für die konkrete Arbeit im zweiten Projektjahr dar.

An dieser Stelle erfolgt eine zusammengefasste und übergeordnete Berichterstattung über die Ergebnisse des ersten Projektjahres und der Online-Befragung (für den ausführlichen Bericht sowie die detaillierten Ergebnisse, inklusive handlungsfeldspezifischer Betrachtungen, wird auf Schloz/Liebhardt 2013 verwiesen).

In der Befragung wurden den Teilnehmenden unter anderem Fragen zum Umsetzungsstand ausgewählter Kinderschutzmaßnahmen vorgelegt, die inhaltlich vorwiegend aus den Mindeststandards des Runden Tisches abgeleitet und gebündelt in zehn Inhaltsbereiche präsentiert wurden. Bei der Beantwortung konnten die teilnehmenden Einrichtungsleitungen zwischen den Antwortoptionen „ja, umgesetzt", „nein, geplant (in den nächsten 6 Monaten)", „nein, nicht umgesetzt aber umsetzbar" und „nein, nicht umsetzbar" wählen. Das Bild, das sich bei der Betrachtung sämtlicher gestellten Fragen und Inhaltsbereiche ergibt, ist sehr differenziert und heterogen. Die verschiedenen Handlungsfelder unterscheiden sich teilweise beträchtlich in ihren Angaben zum aktuellen Umsetzungsstand und ihren Einschätzungen zur Umsetzbarkeit (Schloz/Liebhardt 2013). Als über die Handlungsfelder generalisierbarer Trend ist feststellbar, dass in weiten Teilen „diejenigen Maßnahmen schon gut umgesetzt [sind], die den Fokus auf die Mitarbeitenden legen bzw. mit (neuen) gesetzlichen Vorgaben oder sozial erwünschten Entwicklungen zusammenhängen" (Schloz/Liebhardt 2013, S. 32). Besonders deutlich zeigt sich dies in Bereichen wie „Partizipation von Mitarbeitenden", „Personalentwicklung" und „Strukturen und Umgangsregeln". Weiterhin kann allgemein festgehalten werden, dass die Gesamtdatenlage eher indifferent ist: Viele Antworten bewegen sich im mittleren Bereich, der eine grundsätzliche Umsetzbarkeit und mittelfristige Planungsabsichten angibt, aber klare Statements in die eine (bereits umgesetzt) beziehungsweise andere Richtung (generell nicht umsetzbar) kommen seltener vor. Das kann, insbesondere vor dem Ziel der Entwicklung eines inhaltlich umfassenden Kinderschutzkonzepts als deutlicher Handlungsbedarf interpretiert werden. Aktuell scheinen in den Einrichtungen und Diensten (noch) eher „punktuelle Ansätze" (Schloz/Liebhardt 2013, S. 32) zu überwiegen. Für langfristige strukturelle Veränderungen und Organisationsentwicklungen im Sinne eines umfassenden, organisational verankerten und gelebten Kinderschutzes reicht das jedoch nicht aus.

Diese Einschätzung lässt sich zusätzlich auch anhand der folgenden, in der Befragung gestellten Frage belegen. Weniger als ein Fünftel der Befragten bejahte die übergeordnete Frage, ob es in ihrer Einrichtung bzw. in ihrem Dienst ein fertig entwickeltes und verschriftlichtes Kinderschutzkonzept gibt und nur ein weiteres knappes Fünftel gab an, sich diesbezüglich in der Planungsphase zu befinden. Demgegenüber wurde die Frage insgesamt auch von einem knappen Fünftel der Befragten als nicht umsetzbar eingeschätzt (Abb. 1). Dass der prozentual größte Anteil der Befragten die Entwicklung und Verschriftlichung eines solchen umfassenden Kinderschutzkonzepts für grundsätzlich umsetzbar hält, ist zwar positiv zu bewerten, doch wie viel davon später tatsächlich realisiert wird, bleibt unbeantwortet (Schloz/Liebhardt 2013).

Abbildung 1
Umsetzung eines fertig entwickelten, verschriftlichten Kinderschutzkonzeptes,
N = 214, n = 214; absolute und prozentuale Angaben
(siehe Schloz/Liebhardt 2013, S. 26)

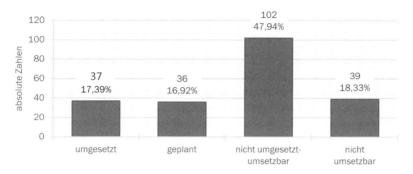

Um das oben genannte pragmatische Ziel zu erreichen, diejenigen Maßnahmen zu identifizieren, die für die Arbeit im zweiten Projektjahr mit Partnereinrichtungen aus verschiedenen Handlungsfeldern besonders aussichtsreich erscheinen, wurden die Antwortmuster auf Ebene der konkreten Maßnahmen analysiert. „Die leitende Idee dabei war, solche Einzelmaßnahmen auszuwählen, die in möglichst vielen Handlungsfeldern noch gering umgesetzt sind und gleichzeitig eine gute Einschätzung hinsichtlich der Umsetzbarkeit aufweisen" (Schloz/Liebhardt 2013, S. 34). Mit diesem Vorgehen sollte ein weiterer Baustein in der Umsetzung wichtiger Maßnahmen sichergestellt und ein Beitrag dazu geleistet werden, sich einem umfassenden Kinderschutzkonzept zu nähern. Nach Sichtung sämtlicher Datensätze konnte aus empirischer Sicht eine Auswahl an konkreten Maßnahmen vorgeschlagen werden (Tabelle 1). Nach der Identifizierung dieser Maßnahmen (siehe unten) wurden gemeinsam mit den Beteiligten des Diözesancaritasverbandes auch Überlegungen hinsichtlich eventuell zu bedenkender Einschränkungen angestellt, wie z.B. „die Realisierbarkeit der Umsetzung im zur Verfügung stehenden Zeitraum, eine zu große Spezifität der Maßnahme für bestimmte Handlungsfelder oder eine mangelnde Motivation" (Schloz/Liebhardt 2013, S. 34). Seitens des Verbandes wurden zusätzlich Einschränkungen wie z.B. die Bearbeitung der Thematik im Rahmen anderer, zukünftiger Projekte genannt.

Tabelle 1
Vorgeschlagene Maßnahmen sowie zu bedenkende Einschränkungen
(Schloz/Liebhardt 2013, S. 35)

Maßnahme	Eventuelle Einschränkung in der Realisierbarkeit während des Projektes
(*) Einführungskonzept zur Information über die verschriftlichte Haltung für Kinder/Jugendliche, die neu in das Handlungsfeld kommen	/
Versenden von Informationen über die Haltung zum Thema (Schutz vor) sexualisierte(r) Gewalt an BewerberInnen	Bereits vorhandener Ehrenkontrakt des DiCV RS
(*) Durchführung einer Risikoanalyse	/
Wahl von Vertrauenspersonen durch Kinder/Jugendliche	Spezifität: nicht in allen Handlungsfeldern umsetzbar
(*) Regelmäßige Projekte/Workshops zum Begriff „Beschwerde" und zu Beschwerdemöglichkeiten	/
Regelmäßige Fortbildungen für Ehrenamtliche zum Thema (Schutz vor) sexualisierte(r) Gewalt	Vorhandensein von Ehrenamtlichen, Spezifität: nicht in allen Handlungsfeldern umsetzbar
Peer Counseling	Spezifität: nicht in allen Handlungsfeldern umsetzbar
Festgelegtes Verfahren zur Rehabilitation unschuldig verdächtigter Personen	Bearbeitung im Einigungsverfahren mit der Gesamtmitarbeitervertretung
(*) Zielgruppenspezifische Informationen (zusammengefasst)	/
Übernahme von Patenschaften für neue Kinder/Jugendliche durch Andere	Spezifität: nicht in allen Handlungsfeldern umsetzbar
Beauftragte/r zur Streitschlichtung	Geringer geäußerter Bedarf an Entwicklung in diesem Bereich: Motivation?

Anmerkung: (*) = favorisierte Maßnahmen

Sämtliche Ergebnisse der Online-Befragung und des ersten Projektjahres wurden an einem gemeinsam vorbereiteten Studientag im Juni 2013 Interessierten aus den Einrichtungen und Diensten, die z. T. an der Online-Befra/ gung teilgenommen hatten, vor- und zur Diskussion gestellt. Insbesondere war die Frage zentral, inwieweit die Praktikerinnen und Praktiker in den Einrichtungen und Diensten die vorgeschlagenen und favorisierten Maßnahmen für die Arbeit im zweiten Projektjahr befürworten und unterstützen würden. Im Verlauf des Studientages zeigte sich, dass über die Handlungsfelder hinweg diesbezüglich überwiegend Zustimmung und positive Resonanz geäußert und die vorgeschlagenen Wege als „sinnvoll und zielführend" (Schloz/Liebhardt 2013, S. 35) betrachtet wurden. Zusammengefasst konnte im Anschluss das Arbeitsprogramm für das zweite Projektjahr also mit den drei folgenden Aspekten beschrieben und festgehalten werden:

Maßnahme 1: „Durchführung einer partizipativen Risikoanalyse (vgl. Tabelle 2) zur Identifizierung strukturell und institutionell bedingter Gelegenheitsstrukturen in der jeweiligen Einrichtung unter Zuhilfenahme eines Ampelmodells" (Schloz/Liebhardt 2013, S. 36).

Maßnahme 2: „Entwicklung spezifischer, zielgruppengerechter Informationsmaterialien zum Thema (Schutz vor) sexualisierte(r) Gewalt, anhand derer auch die Haltung der Einrichtung/des Dienstes deutlich wird und die auch zur Information für neu in das Handlungsfeld kommende Person eingesetzt werden können" (Schloz/Liebhardt 2013, S. 36).

Maßnahme 3: „Entwicklung bzw. Optimierung von Beschwerdewegen, die insbesondere Kindern und Jugendlichen aber auch allen anderen Personen in der Einrichtung/dem Dienst zur Verfügung stehen" (Schloz/Liebhardt 2013, S. 36).

Tabelle 2: Partizipative Risikoanalyse – Mögliches Vorgehen in 10 Arbeitsschritten (nach Wolff 2013)

Schritt	Beschreibung
1	Gründen einer Projektgruppe, Festlegen eines Titels der Arbeitsgruppe und des Teilprojektes
2	Festlegen von Meilensteinen und Terminen
3	Festlegen der Bedeutungen der Ampelfarben
4	Verbreiten von Informationen über das Vorgehen an Mitarbeitende, Kinder, Jugendliche, Eltern
5	Sensibilisieren der beteiligten Professionellen und weitere Absprache des Vorgehens (z.B. in einer Werkstatt mit Übungen zu Schlüsselsituationen)
6	Erstellen und Drucken farbiger Ampelposter
7	Verbreiten von Informationen an Mitarbeitende, Kinder und Jugendliche über das konkrete Vorgehen und Versendung der Ampelposter
8	Durchführung von Gruppenabenden und Erstellung von Einzelpostern
9	Auswertung der Einzelposter mit Unabhängigen mittels Cluster-Methode
10	Erstellen eines Gesamtposters für die Einrichtung, drucken und aushängen

2.2.2 Zweites Projektjahr: Bearbeitung in den Partnereinrichtungen

Im Anschluss an den Studientag und das dabei vorgestellte Arbeitsprogramm konnten sich interessierte Einrichtungen und Dienste als Partnereinrichtung für eines von vier vordefinierten Modellpraxisfeldern (stationäre Tag-/Nachstruktur, Freizeiteinrichtung, ambulante Komm-Struktur, ambulante Geh-Struktur) bewerben. Insgesamt gingen Bewerbungen von sieben Einrichtungen ein, die allesamt berücksichtigt wurden und somit zentraler Bestandteil des zweiten Projektjahres wurden (Tabelle 3).

Tabelle 3: Übersicht über die beteiligten Partnereinrichtungen

Partnereinrichtung	Modellpraxisfeld
Caritasregion Ludwigsburg-Waiblingen-Enz (Fachstelle Frühe Hilfen)	Ambulante Geh-Struktur
IN VIA Kinder- und Familienzentrum	Ambulante Komm-Struktur
Caritasregion Ost-Württemberg (Jugendtreff Oberkochen, Jugendcafé in Gerstetten und Schulsozialarbeit Oberkochen)	Ambulante Komm-Struktur
IN VIA Jugendmigrationsdienst	Ambulante Komm-Struktur
Kinder- und Jugendhilfe Neuhausen	Stationäre Tag-/Nachstruktur
IN VIA Hildegardisheim	Stationäre Tag-/Nachstruktur
Familienferiendorf Eglofs	Freizeiteinrichtung

Strukturell und organisatorisch wurde für die Bearbeitung der formulierten Aufgaben im zweiten Projektjahr ein Konzept mit gemeinsamen Workshops für alle Partnereinrichtungen in Kombination mit mehreren individuellen Terminen vor Ort sowie weiteren Kontakt-, Feedback- und Austauschgelegenheiten entwickelt.

Im ersten Workshop zum Auftakt des zweiten Projektjahres Anfang Oktober 2013 stand die Wissensvermittlung bezüglich der zu bearbeitenden Aufgabenbereiche (Risikoanalyse, Beschwerdeverfahren und Informationsmaterialien) im Vordergrund. Dies wurde durch verschiedene Inputvorträge von Expertinnen und Experten sowie ein ausgeteiltes Manual mit Praxisanweisungen, Übungen und Beispielen sichergestellt.

Alle Partnereinrichtungen starteten im Anschluss daran mit der Bearbeitung der ersten Maßnahme „Durchführung einer Risikoanalyse". Je nach Einrichtung wurden dafür und in Bezug auf die zusätzlichen Aufgaben in den Bereichen Beschwerdeverfahren und Informationsmaterialien unterschiedliche Zeitpläne aufgestellt. Während dieser Zeit der eigenständigen Bearbeitung in den Partnereinrichtungen auf Grundlage des im ersten Workshop erworbenen Wissens sowie anhand der dort aus- und vorgegebenen Materialien erfolgte eine individuelle Begleitung vor Ort durch das wissenschaftliche Team der Universität Ulm. In jeder Partnereinrichtung gab es in dieser Phase mindestens einen individuell vereinbarten Vor-Ort-Termin, bei dem je nach vorheriger Absprache Unterstützung zu den verschiedensten Anliegen im laufenden Prozess erfolgte. Zudem waren telefonische und/oder schriftliche Kontakte und Nachfragen jederzeit möglich.

Der zweite Workshop, der nach einem mittleren Bearbeitungszeitraum Mitte März 2014 stattfand und zu dem erneut alle Partnereinrichtungen eingeladen waren, stand unter dem Fokus des gegenseitigen Austausches und Feedbacks. Alle Partnereinrichtungen hatten zu diesem Termin die Aufgabe, ihren bisherigen Arbeitsstand sowie ihre bisherigen (positiven wie negativen) Erfahrungen in dem Veränderungsprozess zu schildern und sich sowohl von ähnlich strukturierten als auch von völlig anders arbeitenden Partnereinrichtungen sowie von den Projektbeteiligten der KJPP Ulm und des Caritasverbandes der Diözese Rottenburg-Stuttgart Feedback und Anregungen einzuholen. Zusätzlich wurden gemeinsam mit den Partnereinrichtungen mittels eines vorgegebenen Schemas die Grundsteine für individuelle Praxisberichte und Prozessbeschreibungen aus jeder beteiligten Partnereinrichtung gelegt. Diese individuellen Beschreibungen und Berichte aus der Praxis wurden in den auf den Workshop folgenden Monaten von den Partnereinrichtungen erstellt und parallel dazu in internen Gremien oder in Einrichtungen, die mit der eigenen vergleichbar sind, im Rahmen kollegialer Beratungen vorgestellt und diskutiert. Zum Ende des Projekts wurden die Berichte einerseits auf dem das Projekt abschließenden Fachforum im Oktober 2014 einem breiten Publikum zugänglich gemacht und sind andererseits zentraler Bestandteil dieses Werkes (S. 63-116).

2.3 Limitationen

Im Vorfeld des eigentlichen Projektbeginns wurden bereits erste Überlegungen hinsichtlich möglicher Risikofaktoren, die den Projekterfolg beeinträchtigen könnten, angestellt. Gefunden wurden zu dem Zeitpunkt zwei mögliche Faktoren, nämlich erstens eine mangelnde Beteiligung an der Online-Erhebung und zweitens eine mangelnde Beteiligung und Bereitschaft der Mitarbeitenden in den Diensten und Einrichtungen zur Erarbeitung von Maßnahmen und Konzepten. Als Gegenmaßnahmen wurden einerseits die frühzeitige Information der Dienste und Einrichtungen über Sinn und Zielsetzung des Projekts durch den Caritasverband der Diözese Rottenburg-Stuttgart sowie die frühzeitige Einbindung der Betroffenen in Entscheidungsprozesse im Projektverlauf, die Sensibilisierung für die Problematik und die Darstellung des langfristigen Benefits genannt. Als entscheidend für den Erfolg des Projekts wurden analog die Teilnahmemotivation, das Problembewusstsein sowie die Bereitschaft für institutionelle Veränderungen in den Diensten und Einrichtungen des Diözesanen Caritasverbandes aufgeführt. Trotz dieser vorauslaufenden, grundsätzlichen Überlegungen und den sicherlich richtig festgestellten Risikobedingungen blieb das Projekt nicht davon verschont, mit eben diesen Problemen konfrontiert zu sein. Insbesondere im ersten Projektjahr allgemein und bezüglich des Vorgehens bei der Online-Befragung im Speziellen wurde deutliche Kritik geäußert. Die Einrichtungen und Dienste beklagten eine „mangelnde Integration, Partizipation und Berücksichtigung ihrer Erfahrungen und Meinungen" (Schloz/Liebhardt 2013, S. 33). Es wurde versucht, mit gezielten Gesprächs- und Klärungsangeboten diesen Unmut aufzufangen und auch im weiteren Verlauf wurde noch mehr Wert darauf gelegt, die Ergebnisse und die Vorhaben mit den Einrichtungen und Diensten abzustimmen und mit ihren Einschätzungen und Erfahrungen zu verbinden. Als Fazit daraus sticht deutlich hervor, dass die frühzeitige Partizipation aller Beteiligten nicht hoch genug eingeschätzt werden kann.

Nichtsdestotrotz war die Beteiligung an der Online-Befragung mit einem Rücklauf von 61,1 %[11] zufriedenstellend. Auch die Bereitschaft von sieben Praxispartnern zur Teilnahme am zweiten Projektjahr und zur vertieften Weiterarbeit ist dahingehend erfreulich, dass ursprünglich nur mit vier, also je einem Partner pro Modellpraxisfeld geplant wurde, und damit ein Übersoll erfüllt werden konnte.

3 Fazit

Ausgehend von der politischen Forderung des Runden Tisches Sexueller Kindesmissbrauch der Bundesregierung nach institutionsspezifischen Kinderschutzkonzepten hat die Katholische Kirche mit ihren Verbänden, insbesondere auch dem Caritasverband der Diözese Rottenburg-Stuttgart, einen

---

11 Der genannte Rücklauf stellt die Beteiligung ohne das Handlungsfeld „Kindertageseinrichtung" dar. Dies wurde gemeinsam mit dem DiCV so vereinbart, da die Teilnahmequote unter den Kindertageseinrichtungen, von denen die Mehrheit Einrichtungen der Diözese sind, über eine parallel stattfindende andere Befragung wahrscheinlich beeinflusst wurde und wegen der mehrheitlich diözesanen Trägerschaft die Zugehörigkeit zum DiCV sehr gering ist. (Schloz/Liebhardt 2013).

Leitlinienprozess begonnen bzw. intensiviert. Das hier beschriebene Projekt knüpft an diesen verbandlichen Leitlinienprozess an. Durch ein zunächst empirisch ausgerichtetes Vorgehen sollten mit ausgewählten Einrichtungen exemplarisch ausgewählte Maßnahmen in Bezug auf die Mindeststandards zum Kinderschutz in Institutionen umgesetzt werden. Aus den zu entwickelnden und erprobten Maßnahmen in Kombination mit den bereits etablierten Maßnahmen sollte durch ein Maßnahmenbündel ein Gesamtbild eines caritasspezifischen Kinderschutzkonzeptes entwickelt werden. Als Methode wurde ein Dreischritt von Empirie – Konzeption – Entwicklung/Praxisbegleitung gewählt.

Mit einer Onlinebefragung wurden Einrichtungen zu ihren bisherigen Aktivitäten und ihren Einschätzungen bzgl. Handlungsbedarf im Sinne eines Ist-Soll-Vergleichs in der Präventions- und Interventionsarbeit bezüglich sexuellem Kindesmissbrauch befragt. Die Beteiligung und der Rücklauf waren erfreulich hoch, sodass auf den vorliegenden Daten eine evidenzbasierte Auswahl von Schwerpunkten getroffen werden konnte. Die inhaltlichen Schwerpunkte wurden schließlich auf die Durchführung einer einrichtungsspezifischen Risikoanalyse, einer vertieften Reflexion zu Beschwerdeverfahren sowie der Entwicklung von zielgruppengerechten Informationsmaterialien gelegt. Diese drei Maßnahmen sollten komplementär zu den bereits bestehenden Kinderschutzmaßnahmen umfassend behandelt werden, da sie vom Runden Tisch als zentrale Mindestanforderungen definiert wurden und empirisch nachgewiesen bisher bei den Mitgliedern des Caritasverbandes der Diözese Rottenburg-Stuttgart noch kaum realisiert, aber als relevant und sinnvoll erachtet wurden.

Die zusammenfassenden Schlussfolgerungen beziehen sich vor allem auf Probleme, Widerstände, Erfolgs- und Misserfolgsfaktoren des Gesamtprojekts sowie auf die Frage nach dem Effekt des wissenschaftlich begleiteten Projekts in den vergangenen beiden Jahren für einen Fortschritt in Bezug auf einen gelingenden Kinderschutz. Als Schlussfolgerung können folgende Punkte festgehalten werden:

1. Das empirische Vorgehen stieß anfangs zum Teil auf Widerstand, stellte sich aber im Projektverlauf als hilfreicher und wertvoller Ansatz dar, da insbesondere die Konkretisierung durch die vertiefende Praxisbegleitung durch Workshops und Coaching als fruchtbar und gewinnbringend erlebt wurde.

2. Die zeitgleiche Einrichtung einer Stabsstelle für Kinderschutz und Präventionsarbeit beim Caritasverband der Diözese Rottenburg-Stuttgart als verbandsinterne Projektleitung trug wesentlich zum Projekterfolg bei.

3. Das bewusst gewählte exemplarische Vorgehen stellt erst den Beginn eines langfristig angelegten verbandlichen Qualitätsentwicklungsprozesses dar, wozu aber die ausgewählten Erprobungsräume durchaus einen initialen Beitrag leisten konnten, weil das Projekt mit seinen Beteiligten einen ersten Schritt zu einer Kultur der Achtsamkeit und der Verantwortung eröffnet hat.

4. Es wurde ein kommunikativer Prozess zwischen Verband, Träger, Einrichtungen und Klientinnen und Klienten innerhalb der ausgewählten Einrichtungen angestoßen. Dadurch wurde die umfassende und komplexe Bandbreite von Kinderschutzüberlegungen und -maßnahmen exemplarisch reflektiert, was eine Konkretisierung der Leitlinien des Caritasverbandes der Diözese Rottenburg-Stuttgart darstellt. Die Diskussionsangebote bei Tagungen, Beratungsgesprächen und Workshops boten die Möglichkeit gemeinsamen Lernens miteinander und jeweils in der eigenen Einrichtung. Die beteiligten Einrichtungen haben sich auf einen guten Weg der Veränderung gemacht.

5. Die Partnereinrichtungen konnten zum Projektende erste positive Auswirkungen benennen. Genannt wird hierzu beispielsweise, dass die Beteiligung von Kindern und Jugendlichen gerade bei solchen Themen von diesen positiv aufgenommen wird und neue Ansatzpunkte in der pädagogischen Arbeit liefert, dass neue und andere Einstiege in Diskussionen und Austausch möglich werden (und zwar sowohl unter Kolleginnen und Kollegen als auch zwischen Mitarbeitenden und den jeweiligen Klientinnen und Klienten), dass die eigene Sensibilität und Wahrnehmung geschärft und fokussiert wird und dass die Bereitschaft zur Selbstreflexion (z.B. bezüglich der eigenen pädagogischen Haltung) zunimmt.

6. Einschränkend werden von den beteiligten Mitarbeitenden in den Partnereinrichtungen auch die Probleme und Hindernisse deutlich wahrgenommen und benannt, wie z.B. der zeitliche und personelle Aufwand, die Frage nach der Kontinuität, Schwierigkeiten dabei, alle Mitarbeitenden gleichermaßen mitzunehmen.

7. Die angestoßenen Veränderungen sind langfristig in die Organisationskultur, in das Miteinander und das Einrichtungsklima zu integrieren und eine entsprechende Haltung in der Einrichtung tatsächlich zu leben. Der Fokus für die kommenden Jahre muss dementsprechend darauf liegen, nicht nur weitere neue

Maßnahmen zu bearbeiten, sondern vor allem die initiierten Veränderungen und Verbesserungen abzusichern, zu stabilisieren und in regelmäßigen Abständen auf den Prüfstand zu stellen.

8. Ein caritasspezifisches Kinderschutzkonzept realisiert sich als ein Bündel von Maßnahmen der Prävention- und Interventionsarbeit, einem stetigen Bewusstsein von Achtung und Respekt im Umgang miteinander sowie einer kinderschutz- sowie kinderrechteorientierten Haltung von Leitung, Mitarbeiterschaft, Eltern sowie Kindern und Jugendlichen.

Kinderschutz in der Caritas als selbstverständlicher Teil der Gesamtarchitektur von Kinderrechten und Partizipationsbestrebungen sollte ein selbstverständlicher, kontinuierlicher und tiefgehender, auch in den zwischenmenschlichen Beziehungen verankerter Entwicklungsprozess sein. Das empirisch angelegte Projekt konnte dazu einen ersten Beitrag leisten, über die eigenen Grenzen hinweg miteinander ins Gespräch zu kommen, voneinander zu lernen und zu erkennen, dass Kinderschutz als selbstverständliches Thema einer Einrichtung für Kinder und Jugendliche zu verstehen ist, aber auch und vor allem ein persönliches Thema ist, dass die Kultur von Achtsamkeit und Verantwortung bei jedem persönlich beginnt.

Literatur

Bundeskinderschutzgesetz – BKiSchG (2011): Gesetz zur Stärkung eines aktiven Schutzes von Kindern und Jugendlichen. In: Bundesgesetzblatt 70, S. 2975-2982.

BMFSFJ (1990): Übereinkommen über die Rechte des Kindes. UN-Kinderrechtskonvention im Wortlaut und Materialien. www.bmfsfj.de/RedaktionBMFSFJ/Broschuerenstelle/Pdf-Anlagen/_C3_9Cbereinkommen-_C3_BCber-die-Rechte-des-Kindes, property=pdf,bereich=bmfsfj,sprache=de,rwb=true.pdf (Abruf am 9. Juli 2014).

BMFSFJ/BMJ/BMBF (2011): Runder Tisch Sexueller Kindesmissbrauch in Abhängigkeits- und Machtverhältnissen in privaten und öffentlichen Einrichtungen und im familiären Bereich. Abschlussbericht. www.rundertisch-kindesmissbrauch.de/documents/AB%20RTKM_barrierefrei.pdf (Abruf am 9. Juli 2014).

Caritasverband der Diözese Rottenburg-Stuttgart (2011): Regeln des Caritasverbandes der Diözese Rottenburg-Stuttgart e.V. zur Prävention von sexuellem Missbrauch sowie zum Verhalten bei Missbrauchsfällen in den Diensten und Einrichtungen der Caritas (Leitlinien).

Deutsche Bischofskonferenz (2010a): Rahmenordnung zur Prävention von sexuellem Missbrauch an Minderjährigen im Bereich der Deutschen Bischofskonferenz.

Deutsche Bischofskonferenz (2010b): Leitlinien zum Vorgehen bei sexuellem Missbrauch Minderjähriger durch Geistliche.

Deutscher Caritasverband (2011): Empfehlungen des Deutschen Caritasverbandes zur Prävention gegen sexuellen Missbrauch sowie zum Verhalten in Missbrauchsfällen in

den Diensten und Einrichtungen der Caritas, insbesondere in der Kinder-, Jugend-
und Behindertenhilfe (novellierte Fassung).

Diözese Rottenburg-Stuttgart (2010): Erklärung von Bischof Dr. Gebhard Fürst zur Umsetzung der „Leitlinien" der Deutschen Bischofskonferenz in der Diözese Rottenburg-
Stuttgart. In: Kirchliches Amtsblatt der Diözese Rottenburg-Stuttgart 54, S. 295-296.

Diözese Rottenburg-Stuttgart (2011): Prävention von sexuellem Missbrauch an Minderjährigen – Bischöfliches Gesetz zur Vermeidung von Kindeswohlgefährdungen im
Umgang mit Kindern und Jugendlichen im Bistum Rottenburg-Stuttgart. In: Kirchliches Amtsblatt für die Diözese Rottenburg-Stuttgart 55, S. 74-77.

Kongregation für die Glaubenslehre (2011): Rundschreiben um den Bischofskonferenzen
zu helfen, Leitlinien für die Behandlung von Fällen sexuellen Missbrauchs von Minderjährigen durch Kleriker zu erstellen.

Liebhardt, H./Hoffmann, U./Fegert, J. M. (2011): Stellungnahme zu den Leitlinien des
Caritasverbandes der Diözese Rottenburg-Stuttgart e.v. zur Prävention von sexuellem
Missbrauch sowie zum Verhalten bei Missbrauchsfällen in den Diensten und Einrich-
tungen der Caritas.

Liebhardt, H./Rizzuto, A. P./Dudas, Z. S. (2013): Kinderschutz in der katholischen Kirche.
Drei internationale Fallberichte von Diakonen. In: Diakonia 2013, 48(1):6-24.

Schloz, C./Liebhardt, H. (2013): Maßnahmen eines institutionellen Kinderschutzes – eine
Analyse von Strukturmerkmalen von Einrichtungen und Diensten im Caritasverband
der Diözese Rottenburg-Stuttgart e.v. http://vts.uni-ulm.de/doc.asp?id=9075 (Abruf
am 9. Juli 2014).

Wolff, M./Fegert, J. M./Schröer, W. (2012): Mindeststandards und Leitlinien für einen
besseren Kinderschutz. Zivilgesellschaftliche Verantwortung und Perspektiven nachhaltiger Organisationsentwicklung. In: Jugendamt 3, S. 121-126.

Wolff, M. (2013): Ampel-Projekt zu gefährdenden Aspekten im pädagogischen Alltag.
Vorgehen in 10 Arbeitsschritten. Unveröffentlichte Workshopunterlagen vom 1. Oktober 2013.

Organisationsanalysen als Ausgangspunkt der Entwicklung eines besseren KlientInnenschutzes

Mechthild Wolff

Institutionen der Erziehung und Bildung, Therapie, Pflege und Unterstützung von Kindern und Jugendliche haben spätestens seit der Aufdeckung der Skandale in Heimen und Internaten in den Jahren 2009 und 2010 die Herausforderung eines verstärkten Schutzes von anbefohlenen Kindern und Jugendlichen zu leisten. Seither kann nicht mehr übersehen werden, dass sämtliche Formen von Kindeswohlgefährdungen in diesen Organisationsformen historisch, aber auch aktuell dokumentiert sind. Dabei handelt es sich um alle bekannten Gefährdungen, von denen voraussichtliche andauernde Gefahren für das körperliche, geistige oder das seelische Wohl zu beklagen waren. Die Gefahren drückten sich in unzulässiger Machtausübung, unzulässiger Gewaltausübung, Nicht-Ausübung der Erziehungsverantwortung und Fürsorgepflicht in den Institutionen oder durch Vernachlässigung (körperliche, geistige oder seelische Unterversorgung) aus.

Vor diesem Hintergrund wurden Schutzkonzepte gefordert, die in allen Institutionen, in denen Kinder und Jugendliche betreut, therapiert, gepflegt, gebildet und unterstützt werden, implementiert werden sollten. Schutzkonzepte wurden als Bündel präventiver Einzelmaßnahmen verstanden, sie sollten für die Art der Institution und die sozialpädagogische Arbeit mit den KlientInnen passfähig sein (BMJ/BMFSFJ/BMBF 2011). Da es jedoch schwierig ist, Schutzmaßnahmen eine eindeutig vorbeugende Wirkung zuzuordnen, kann die Passfähigkeit eines Schutzkonzeptes nur gemeinsam in den Institutionen selbst hergestellt werden. Vorgeschaltet werden müssen darum Organisationsanalysen, in denen die professionellen Beziehungen, die methodischen Ansätze und die Rahmenbedingungen alltäglicher Arbeit im Fokus stehen. Sozialpädagogische, therapeutische und helfende Tätigkeiten werden dabei genauer auf mögliche Risikomomente und Gelegenheitsstrukturen überprüft. Gefordert wurden darum gute Beispiele von Organisationsanalysen, in denen es um das Experimentieren mit geeigneten Präventionsmaßnahmen in lernenden Institutionen geht (Wolff/Fegert/Schröer 2012). Man wollte keine Aneinanderreihung von Einzelmaßnahmen oder Vorkehrungen, wie z.b. die Vorlage eines erweiterten Führungszeugnisses oder eine arbeitsvertragliche Vereinbarung, die durch einen Check von Papieren und Nachweisen überprüfbar sind. Gemeint sind vielmehr passgenaue Vereinbarungen und dauerhafte Schlüsselprozesse, die von allen gewollt sind und die stetig das Thema des besseren Schutzes und der Sicherheit auf der Agenda der Organisation halten und die Wahrnehmungsbereitschaft und -fähigkeit innerhalb der eigenen Strukturen schärfen.

1 Soziale Dienstleistungsorganisationen als „high reliability organizations"

Man geht davon aus, dass all die Arbeitsfelder, die als komplexe sozio-technische Systeme arbeiten, d.h. in denen Menschen und Technik miteinander harmonieren und sich aufeinander verlassen müssen, als „high reliability organizations" verstanden werden können (Weick/Sutcliffe 2003). Als solche Hochzuverlässigkeitsorganisationen wurden zunächst Flugzeugträger, Feuerwehren und Kernkraftwerke angesehen. Von ihnen wird eine hohe Verlässlichkeit erwartet, weil auch bei zunächst gering erscheinenden Fehlern sehr großer Schaden angerichtet werden kann, z.b. durch Fehlentscheidungen oder eine falsche technische Anwendung.

Da die Funktion dieser Organisationen gerade darin bestehen kann, Schaden zu verhindern, zeichnen sich „high reliability organizations" durch ein Feingefühl für alle Prozesse und Abläufe aus und haben eine sehr hohe Aufmerksamkeitskultur gegenüber möglichen Fehlern. Verantwortung wird auf diejenigen Personen übertragen, die sich durch Professionalität, durch spezifisches Wissen und Können auszeichnen und die in kritischen Situationen flexibel und schnell reagieren können. Sowohl im Gesundheitswesen als auch in einigen Industriezweigen und Hilfsorganisationen des Katastrophenschutzes wird mit dieser Begrifflichkeit operiert. Fegert/Ziegenhain/Fangerau haben sie auf den Kinderschutz übertragen (Fegert/Ziegenhain/Fangerau 2010).

Zu fragen ist jedoch, ob nicht auch in Institutionen, in denen Dienstleistungen am Menschen geplant und durchgeführt werden, in diese Kategorie solcher hoch verlässlichen Organisationen fallen. Organisationen, die sich mit sozialen Dienstleistungen für und am Menschen befassen, sind komplexe Handlungsfelder, in denen Professionelle schnell agieren und auf Krisen schnell und flexibel in komplexen Systemen reagieren müssen. Angesichts der Vielfältigkeit menschlicher Krisen und Ausnahmezustände und dem

Eigensinn des Menschen können im Sozialbereich seltener als im technischen Bereich Routinen entstehen. Vielmehr müssen sie, oftmals unter Hochdruck, Lösungen entwickeln, die sich auf den Einzelfall und das System beziehen. Sie haben im Auge, größeren Schaden abzuwenden.

Gerade in Arbeitsfeldern, in denen professionelle Beziehungsarbeit geleistet wird, in denen die biografischen, positiven wie negativen Erfahrungen von Menschen im Fokus stehen und Menschen alltägliche und private Aspekte ihrer Persönlichkeit und ihres Lebens preisgeben, gibt es ein erhöhtes Risiko. So können Fehler auftreten, die langfristige körperliche, psychische und physische Schäden verursachen können. Damit geht die Einsicht einher, dass in diesen Arbeitsfeldern auch von hohen Berufsrisiken für die Professionellen auszugehen ist.

2 Fehlerentstehung in sozialen Systemen und der Faktor Mensch

Fälle von Machtmissbrauch in sozialen Dienstleistungsinstitutionen legen offen, dass ein hoher menschlicher und volkswirtschaftlicher Schaden verursacht wurde, der mit Beziehungssettings in komplexen Systemen zu tun hat. Sämtliche Formen von Machtmissbrauch sind dokumentiert und man kann feststellen, dass in diesen Arbeitsfeldern bereits strukturell bedingte Machtasymmetrien bestehen. Diese treten auf zwischen Professionellen, Schutzbefohlenen, Abhängigen oder Bedürftigen und drücken sich bereits in einem grundlegenden Wissens- und Orientierungsgefälle aus. Hinzu kommt, dass Personen, die hierarchisch höher gestellt sind, zudem Verteilungsmacht besitzen. So kann man reklamieren, dass in solchen Beziehungen, in denen Abhängigkeitsverhältnisse die Folge professioneller Dienstleistungen sein können, ein hohes Risiko des Machtmissbrauchs besteht. Ein Machtgefälle und damit ein möglicher Machtmissbrauch kann in solchen Systemen zwischen allen AkteurInnen oder besser allen KoproduzentInnen sozialer Dienstleistungen stattfinden: zwischen Kindern oder Jugendlichen und Fachkräften, zwischen Kindern oder Jugendlichen untereinander, zwischen Fachkräften und Leitungspersonen oder zwischen MitarbeiterInnen in Behörden und Leitungspersonen oder Fachkräften. Die möglichen Konstellationen von Machtmissbrauch sind vielfältig und darum sind die Risiken für alle Beteiligten hoch. In sozialen Dienstleistungsinstitutionen zählt der Faktor Mensch (Badke-Schaub/Hofinger/Lauche 2008): Überall dort, wo die Risiken sehr hoch sind, kann man von „high-risk"-Arbeitsfeldern sprechen.

Ausgehen müssen wir zudem davon, dass das Risiko von Machmissbrauch in Institutionen ansteigen kann, wenn es sich um Einrichtungen handelt, die mit psychisch und sozial hoch belasteten Zielgruppen arbeiten. Im Falle der Kinder-, Jugend- und Familienhilfe muss beispielsweise mit Kindern oder Jugendlichen umgegangen werden, die potentiell Gewalt in jeder Form in ihrer Herkunftsfamilie erfahren haben. Das Risiko von Machtmissbrauch zwischen den unterschiedlichen KoproduzentInnen sozialer Dienstleistungen steigt dann an, wenn es sich um spezialisierte Einrichtungen mit Personen handelt, die alle ähnliche Bewältigungs-, Überlebens- oder Verarbeitungsstrategien zeigen. So weisen beispielsweise stationäre Einrichtungen der Kinder- und Jugendhilfe die höchsten Risiken von bekannt gewordenen Fällen sexueller Gewalt auf (Helming et al. 2011). Risiken können letztlich auch dann ansteigen, wenn es sich um eine hohe Konzentration von hoch belasteten Zielgruppen handelt. Risiken bestehen darin, erneut Opfer von Phänomenen des Machtmissbrauchs werden zu können oder selbst machtmissbräuchliches Verhalten zu zeigen. Somit haben gerade die Personen, die traumatisiert in helfenden Institutionen ankommen, um dort Hilfe zu bekommen, ein hohes Risiko, in einen Kreislauf von Viktimisierung und Reinszenierung zu geraten.

Einfache Zuschreibungen von Schuld oder Verantwortung, die auf Einzelpersonen übertragen werden, oder eine Zuschreibung von Täter und Opfer sind inzwischen obsolet. Das Personen-Modell, das davon ausgeht, dass Menschen Fehler begehen und damit alleinverantwortlich sind, ist ein zu kurz greifendes Erklärungsmodell. Bei der Analyse von Machtmissbrauch in Institutionen geht es inzwischen mehr um eine schwierige Gemengelage in Systemen. Auszugehen ist von Zusammenhängen zwischen dem Faktor Mensch und den Strukturen in den Organisationen selbst. Insofern kommt hier das System-Modell zum Tragen, das davon ausgeht, dass bestimmte Gegebenheiten, die in Systemen vorherrschen, dazu führen, dass Menschen überhaupt erst Fehler machen können. Wobei für Organisationen immer zutrifft, dass sie Risiko-, aber zugleich auch Schutzfaktoren aufweisen können.

Diese Zusammenhänge lassen sich auch aus der Fehlertheorie erklären: Kommt es in Institutionen zu Machtmissbrauch, handelt es sich nie um ein singuläres Geschehen, das sich ausschließlich zwischen zwei Personen abspielt. Es gibt keine Unbeteiligten in Organisationen, in denen Fehler passieren. Das Eisberg-Modell von Sally Taylor-Adams und Charles Vincent (vgl. Abb. 1), welches aus dem klinischen Bereich für die Analyse von fehlgelaufenen Kinderschutzfällen zur Anwendung kam, kann dafür herangezogen werden (BMFSFJ 2008, S. 24). Das Modell legt nahe, dass Fehler immer durch ein Zusammenwirken verschiedener Faktoren entstehen. Viele Fehler sind allerdings nötig, damit es zu einem Schaden kommen kann. Diverse Faktoren, die zu einem großen Schaden beitragen, werden jedoch nicht sichtbar, sondern nur die „Spitze des Eisbergs" ist oftmals erkennbar.

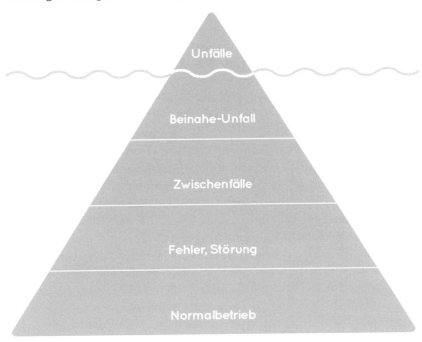

Festzuhalten ist, dass Fehler somit in Systemen auftreten und die Risiken, die dazu führen, in den Systemen und in den organisationalen Regeln verankert sind, die Menschen sich geben. In der Fehlertheorie wird darüber hinaus davon ausgegangen, dass aus geringfügigen kleineren Vorfällen, die in einem System aus Unachtsamkeit, aus fehlendem Verantwortungsgefühl, aus Unkonzentriertheit oder anderen Gründen passieren können, größere Fehler werden können. Insofern ist es zentral, bereits sehr „schwache Signale" in Organisationen zu identifizieren (Weick/ Sutcliffe 2007). Werden diese im Rahmen einer Früherkennung identifiziert, können schwerwiegende Fehler vermieden werden und Krisen im besten Falle abgewendet werden. Zentral erscheint es, dass alle Organisationsmitglieder eine solche Sensibilität für mögliche Fehlerquellen entwickeln und damit fehleroffen sein müssen.

3 Subjektive Organisationsanalysen als kollektive Lernprozesse

Die Identifikation von „schwachen Signalen" kann nur in organisationsanalytischen Prozessen passieren. Wie eingangs angedeutet, sollen Organisationsanalysen Anhaltspunkte für mögliche Gefahren, Risiken oder Unsicherheiten in den Organisationen geben und aufzeigen, wie eine bessere und von allen AkteurInnen gewollte Nähe-Distanz-Regulation aussehen soll. Die Praxis solcher Organisationsanalysen ist bis dato nicht gut erforscht und es gibt keinen Diskurs über geeignete Methoden, die sich für Einrichtungen der stationären und ambulanten Kinder- und Jugend- bzw. Familienhilfe besonders gut eignen. Im Folgenden werden darum einige Bezugspunkte und Chancen von Organisationsanalysen erschlossen.

Grundsätzlich unterscheidet man zwischen objektiven und subjektiven Formen von Organisationsanalysen (Titscher/Meyer/Mayrhofer 2007). Bei objektiven Organisationsanalysen werden betriebswirtschaftliche Faktoren in den Blick genommen. Es geht um die Analyse objektiver Kennzahlen. So können beispielsweise Einnahmen, Ausgaben, Arbeitsstunden, Krankheitstage, Personalbestand, Fallzahlen u.a. analysiert, d.h. in Relation gesetzt werden, um Aussagen über die Zielerreichung der Organisation machen zu können. Objektive Analysen basieren auf der Vorstellung von Organisationen als eine Art Maschine. In einer Maschine müssen alle einzelnen Rädchen, Schrauben und andere Bestandteile perfekt aufeinander abgestimmt sein, um zu funktionieren. Dass eine Maschine funktionieren kann, gewährleisten die eindeutigen Regeln zwischen den einzelnen Bestandteilen der Maschine. Die Gesamtheit aller Regelungen in der Maschine ermöglicht somit die Zielerreichung.

Von einem gänzlich anderen Ausgangspunkt gehen subjektive Organisationsanalysen aus, sie basieren auf der Vorstellung von Organisationen als „lebendige Organismen". Hier geht es um die subjektiven Faktoren zwischen Menschen, also um Aushandlungsprozesse interessensgeleiteter AkteurInnen in den Organisationen. Die subjektiven Wirklichkeitskonstruktionen von Menschen kommen in Organisationen zum Tragen. Mit anderen Worten: Menschen stellen in Aushandlungsprozessen ihre eigenen verbindlichen Ordnungen her. Eine solche Vorstellung von Organisationen, bei der der Mensch ein entscheidender Faktor ist, hat eine lange Tradition. Die systemische Organisationslehre beruht auf dieser Vorstellung. So schrieb Renate Mayntz bereits in den 60er Jahren, aber mit einer Gültigkeit bis heute: „Ein System ist ganz allgemein ein Ganzes, das aus miteinander in wechselseitigen Beziehungen stehenden Elementen zusammengesetzt ist. Die jeweils besondere Beschaffenheit seiner Elemente, ihr Anordnungsmuster und die Beziehungen zwischen ihnen bedingen die konkrete Eigenart eines Systems. Innerhalb eines Systems wirkt die Veränderung eines Elementes auf die anderen Elemente fort. Ein System besitzt ein gewisses Maß an Integration und Geschlossenheit. Es hat eine Grenze, die es von der Umwelt trennt, steht jedoch mit dieser Umwelt in wechselseitigen Beziehungen" (Mayntz 1963, S. 40f.).

Angesichts der Aufgabe, die eine Organisationsanalyse im Sinne einer Gefahren- oder Risikoanalyse erfüllen soll, geht es hier um eine subjektive Organisationsanalyse. Es geht darum, den Faktor Mensch in der Organisation besser zu verstehen. Subjektive Organisationsanalysen, die angesichts von Risiken des Machtmissbrauchs in sozialen Dienstleistungsorganisationen dringend erforderlich sind, haben den Zweck, selbstreflexiv mögliche Risiken in Augenschein zu nehmen. Sie fragen danach, welche Fehler in welchen Situationen und Settings entstehen und passieren können. Insofern zielen gerade solche Analysen, die zum Zweck haben, das Funktionieren einer Organisation besser zu verstehen, letztlich auch auf Veränderung und Reduktion von Angst und Unsicherheit ab. Veränderungspotentiale sollen erkannt werden, um Organisationen effektiver und für alle KoproduzentInnen transparenter und berechenbarer zu machen.

Nimmt man ernst, dass in Organisationen subjektive Wirklichkeiten aufeinandertreffen, scheint es unumgänglich, dass die Wirklichkeiten miteinander abgeglichen werden müssen. Darum ist es auch erforderlich, dass alle AkteurInnen, die in sozialen Dienstleistungsorganisationen als KoproduzentInnen angesehen werden, mit in analytische Prozesse involviert werden. Es ist notwendig, dass alle Perspektiven zusammengetragen werden, um Risiken von allen Seiten betrachten zu können. Jeder und jedem muss dabei die Chance gegeben werden, die Situation zu verstehen und Lösungen dafür zu finden. Ein solcher Prozess kommt somit einem selbstreflexiven und kollektiven Lernprozess gleich. Durch Organisationsanalysen können Organisationen zu lernenden Organisationen werden; unterstützt durch die Fehler- und Risikoanalyse können Fehlerquellen erkannt und minimiert werden und proaktive Formen der Prävention entwickelt werden. Dabei zeichnen sich lernende Organisationen dadurch aus, dass in ihnen ein Dialog organisiert werden kann, der auf einer gewollten und selbstgesteuerten Selbstreflexion basiert (Wolff 2009, S. 244ff.).

Werden Kinder und Jugendliche mit in solche Analysen einbezogen und wird ihnen die Chance gegeben, selbst ihre Situation analysieren zu können, bestehen für diese Kinder viele Bildungschancen. Sie werden angeregt, ihre eigene Situation zu analysieren und zu verstehen. Gerade im Hinblick auf kognitives Lernen scheinen partizipative Ansätze tragfähig zu sein.

4 Partizipative Organisationsanalysen als Chancen für kognitives Lernen

Befassen sich die AkteurInnen in Organisationen mit den unterschiedlichen Rollen, Bedürfnissen und Verpflichtungen, die eine professionelle Beziehungsarbeit mit sich bringt, so werden hier Dilemmata offenkundig. So kann es beispielsweise eine Selbstverständlichkeit sein, dass MitarbeiterInnen beim Eintreten in ein Zimmer nicht anklopfen. Hierbei muss die Sicht der Professionellen nicht zwangsläufig mit der Perspektive der KlientInnen zusammenpassen. Solche Dilemmata gilt es herauszuarbeiten, multiperspektivisch zu analysieren, um daraus gute, begründete und gewollte Lösungen für alle Beteiligten zu entwickeln. Aus den USA kommend werden solche Methoden in Deutschland seit den 90er Jahren im Zusammenhang mit dem „just-community-Ansatz", den „demokratischen Gemeinschaften" diskutiert (Colby/ Kohlberg 1986). Inzwischen wurden die Ideen in Schulen (Althof/Stadelmann 2010), aber auch in Jugendgefängnissen und einigen Jugendhilfeeinrichtungen implementiert. Ziel dieses Ansatzes ist es, dass Kindern und Jugendlichen die Chance zur Weiterentwicklung moralischer Urteilsfähigkeit eingeräumt werden soll. Der Ansatz geht davon aus, dass im Zusammenleben moralische Dilemmata entstehen, weil Menschen unterschiedliche Sichtweisen und Bedürfnisse haben. In Fällen von Interessenskollisionen, Konflikten oder schwierigen Situationen werden die Kinder und Jugendlichen angehalten, die moralischen Dilemmata zu identifizieren. So geht es hierbei beispielsweise um ein Dilemma des Rechts einer Einzelperson gegenüber der Gruppe oder ein Dilemma zwischen den Rechten der Professionellen und den Rechten der KlientInnen. Kohlberg wies nach, dass im Falle einer intensiven Bearbeitung von Dilemmata moralischer Dilemmata hin zu Lösungsstrategien die moralische Urteilsfähigkeit von Kindern und Jugendlichen geschult werden kann (Kohlberg 1995). Er beobachtete, dass Kinder und Jugendliche auf diese Weise positive Veränderungen in ihren Sozialverhalten zeigten. Auch wurden sie kompetenter, ihre eigenen Bedürfnisse besser wahrzunehmen und in Konfliktsituationen in Gruppen bessere und gerechtete Lösungen mit anderen zu entwickeln. Im Kontext der Befähigung von Kindern und Jugendlichen, eigene Grenzen wahrzunehmen und eigene Grenzen setzen zu können, haben solche Ansätze einen hohen Bildungswert. Ein Projekt „Organisationsanalyse", das Kinder und Jugendliche mit einbindet, ist darum auch als Bildungsprojekt zur Verbesserung kognitiven Lernens anzusehen.

5 Wertebasierte Organisationsanalysen zur Neujustierung von Organisationskulturen

Räumt man ein, dass es bei Organisationsanalysen in sozialen Dienstleistungsunternehmen darum geht, bisherige Praxen, Regeln und Routinen im Umgang mit KlientInnen zu hinterfragen, dann geht es letztlich auch um die Prüfung der Kultur in der Organisation. Im Umgang mit den Menschen, die in Organisationen arbeiten und mit den EmpfängerInnen von sozialen Dienstleistungen entwickelt sich eine Kultur des Umgangs. Crozier und Friedberg haben grundlegend dazu festgestellt, dass eine Organisation geradezu „Kultur" darstellt. Eine Organisationkultur wird aktiv von allen Personen durch Interaktionen hergestellt. Die Autoren sehen die AkteurInnen als Aktive an, die durch ihr Handeln eine Organisation konstruieren. Erst dadurch geben sie der Organisation einen Sinn (Crozier/Friedberg 1979). Demnach müsste auch der Umkehrschluss gelten: Die Menschen, die in Organisationen arbeiten, verspüren Sinn an ihrer Arbeit, den sie durch eine gemeinsame Kultur in der Organisation herstellen. Organisationsanalysen haben vor diesem Hintergrund darum auch den Effekt, dass Menschen ihrer Organisation, aber auch ihrer Arbeit in der Organisation (neuen) Sinn verleihen. Dies ist insbesondere dann der Fall, wenn Organisationen veränderungsoffen sind und auf der Basis von langwierigen Organisationsprozessen Änderungen anstreben. Im Kontext der Entwicklung eines besseren KlientInnenschutzes in Organisationen haben die Organisationsanalysen die Funktion, mögliche Unachtsamkeiten oder Selbstverständlichkeiten im Zusammenhang mit Nähe und Distanz aufzudecken, zu hinterfragen und eine Fehlerkultur zu etablieren (Oser/Spychiger 2005).

So kann beispielsweise in der Kultur einer Institution verankert sein, dass man sich untereinander selbstverständlich in den Arm nimmt zur Begrüßung und sich küsst. Eine Organisationsanalyse könnte hierbei ergeben, dass solche Situationen möglicherweise dann Unsicherheiten hervorbringen können, wenn sie nicht eindeutig definiert sind. Die Aufgabe einer Organisationsanalyse würde darin bestehen, zu fragen, wie alle AkteurInnen solche Situationen erleben, was sie auslösen, welche Risiken damit verbunden sind und ob es zu solchen Routinen neue Vereinbarungen geben muss.

Organisationsanalysen leisten einen wichtigen Beitrag, die Kultur einer Organisation neu zu bestimmen. Auf diese Weise können solche Entwicklungsprozesse auch einer wertebasierten Unternehmensführung dienen. Organisationsanalysen sind darum auch eine Frage der Ethik für soziale Dienstleistungsorganisationen. In Wirtschaftsunternehmen hat angesichts von wirtschaftlichen Fehlentwicklungen ein Umdenken begonnen. Im Rahmen der Entwicklung einer unternehmerischen sozialen Verantwortung („corporate social responsibility") sollen nachhaltige ökonomische, ökologische und soziale Aspekte zusammengeführt werden (Herchen 2007). In der Schweiz wurde beispielsweise im Jahr 2002 ein nationaler Swiss Code of Ethics (oder: Swiss Code of Best Practice) für börsennotierte Wirtschaftsunternehmen in die Diskussion gebracht. Er schlägt Maßnahmen für ein ethisch verantwortungsvolles unternehmerisches Handeln im Sinne einer nachhaltigen Unternehmenskultur vor („corporate sustainability"). Schutzgedanken gegenüber KundInnen oder MitarbeiterInnen spielen hier keine Rolle. Soziale Dienstleistungsorganisationen wären darum gut beraten, wenn sie solche Entwicklungen auch zur Formulierung ethischer Prinzipien nutzen. In der Wirtschaft haben diese Ethik-Codes dazu geführt, dass in vielen Unternehmen mittlerweile Verhaltenskodizes („codes of conduct") für interne und externe Interessengruppen erarbeitet werden, um gemeinsam Verantwortung zu übernehmen. Soziale Dienstleistungsorganisationen müssen einen geforderten Weitblick entwickeln, weil sie eine zivilgesellschaftliche und ethische Verantwortung haben. Dies sind weitere Anknüpfungspunkte, um Organisationsanalysen als eine strategisch und menschlich notwendige Form der Selbstvergewisserung zu nutzen und um Machtmissbrauch in Organisationen langfristig zu vermeiden.

Literatur

Althof, W./Stadelmann, T. (2010): Demokratische Schulgemeinschaft. In: Edelstein, W./ Frank, S./Sliwka, A. (Hrsg.): Praxisbuch Demokratiepädagogik. Weinheim und Basel, S. 20-53.

Badke-Schaub, P./Hofinger, G./Lauche, K. (Hrsg.) (2008): Human factors. Psychologie sicheren Handelns in Risikobranchen. Hamburg.

Bundesministerium für Familien, Senioren, Frauen und Jugend (BMFSFJ) (Hrsg.) (2008): Lernen aus problematischen Kinderschutzverläufen. Machbarkeitsexpertise zur Verbesserung des Kinderschutzes durch systemische Fehleranalyse. Berlin.

Bundesministerium der Justiz (BMJ)/Bundesministerium für Familie, Senioren, Frauen und Jugend (BMFSFJ)/Bundesministerium für Bildung und Forschung (BMBF) (2011): Abschlussbericht. Runder Tisch. Sexueller Kindesmissbrauch in Abhängigkeits- und Machtverhältnissen in privaten und öffentlichen Einrichtungen und im familiären Bereich. Berlin.

Colby, A./Kohlberg, L. (1986): Das moralische Urteil. Der kognitionszentrierte entwicklungspsychologische Ansatz. In: Bertram, H. (Hrsg.): Gesellschaftlicher Zwang und moralische Autonomie, Frankfurt am Main, S. 130-162.

Crozier, M./Friedberg, E. (1979): Macht und Organisation. Die Zwänge kollektiven Handelns. Königstein/Ts.

Fegert, F. M./Ziegenhain, U./Fangerau, H. (2010): Problematische Kinderschutzverläufe. Mediale Skandalisierung, fachliche Fehleranalyse und Strategien zur Verbesserung des Kinderschutzes. Weinheim.

Helming, E./Kindler, H./Langmeyer, A./Mayer, M./Mosser, P./Entleitner, C./Schutter, S./Wolff, M. (2011): Sexuelle Gewalt gegen Mädchen und Jungen in Institutionen. Abschlussbericht. Deutsches Jugendinstitut 2011, München.

Herchen O. (2007): Corporate Social Responsibility. Wie Unternehmen mit ihrer ethischen Verantwortung umgehen. Norderstedt.

Kohlberg, L. (1995): Die Psychologie der Moralentwicklung. Frankfurt am Main

Mayntz, R. (1963): Soziologie der Organisation. Hamburg.

Oser, F./Spychiger, M. (2005): Lernen ist schmerzhaft. Zur Theorie des Negativen Wissens und zur Praxis der Fehlerkultur. Weinheim.

Titscher, S./Meyer, M./Mayrhofer, W. (2007): Organisationsanalyse. Konzepte und Methoden. Stuttgart.

Weick, K. E./Sutcliffe, K. M. (2003): Das Unerwartete erfolgreich managen. Wie Unternehmen aus Extremsituationen lernen. Stuttgart.

Weick, K. E./Sutcliffe, K. M. (2007): Managing the unexpected. Resilient performance in an age of uncertainty. 2. Edition. San Francisco.

Wolff, M. (2009): Vom Mehrwert des Dialogs - Zur Sicherstellung des Kinderschutzes in Institutionen. In: Krause, H./Rätz-Heinisch, R. (Hrsg.): Soziale Arbeit im Dialog. Theoretische Grundlagen und methodische Zugänge einer dialogischen Sozialen Arbeit. Opladen und Farmington Hills, S. 239-249.

Wolff, M./Fegert J. M./Schröer, W. (2012): Mindeststandards und Leitlinien für einen besseren Kinderschutz. Zivilgesellschaftliche Verantwortung und Perspektiven nachhaltiger Organisationsentwicklung. In: Das Jugendamt, Heft 3, S. 121-126.

Beschwerdeverfahren als Teil einer Fehlerkultur

Hubert Liebhardt

Der vorliegende Artikel basiert auf meinem Vortrag im Rahmen des Projektes des Caritasverbandes der Diözese Rottenburg-Stuttgart am 1. Oktober 2013 zur Entwicklung eines institutionellen Kinderschutzkonzeptes (Abb. 1), der im Folgenden ausgeführt wird, sowie auf meinen Ausführungen zu institutionellen Beschwerdeverfahren im Onlinekurs zur Prävention von sexuellem Kindesmissbrauch, gefördert vom Bundesministerium für Bildung und Forschung (BMBF, 2012–2014) (Liebhardt 2014a; Liebhardt 2014b).

Abbildung 1: Ansätze zum Beschwerdemanagement im Projekt zur Entwicklung eines caritas-spezifischen Kinderschutzkonzeptes

Der Runde Tisch „Sexueller Missbrauch in Abhängigkeits- und Machtverhältnissen in privaten und öffentlichen Einrichtungen und im familiären Bereich" fordert Institutionen, in denen Kinder und Jugendliche gebildet, erzogen, betreut oder behandelt werden, auf, als Mindeststandards zur Prävention von und Intervention bei sexuellem Kindesmissbrauch interne und externe Beschwerdeverfahren zu etablieren (Runder Tisch 2011; Wolff/Fegert/ Schröer 2012; Fegert et al. 2013). Der professionelle Umgang mit eingehenden Beschwerden ist ein zentraler Schlüsselprozess auf der Ebene der Organisationsentwicklung, die neben der Ebene der Personal- und Teamentwicklung sowie der Ebene der konkreten Arbeit mit Kindern und Jugendlichen unverzichtbar ist.

Bekannte Qualitätsmanagement-Verfahren, die in der Regel auf die Prozess- und Produktqualität abzielen, sind das „DIN EN ISO 9000"-Verfahren sowie das Verfahren der European Foundation for Quality Management (EFQM)). Ein Beschwerdeverfahren braucht (a) eine institutionsspezifische Auseinandersetzung mit einer Fehlerkultur, also den Umgang mit Fehlern und Fehlverhalten von Personen mit einem Schutzauftrag sowie Übergriffen von Kindern und Jugendlichen untereinander, (b) die Etablierung von institutionsspezifischen Beschwerdekonzepten, (c) Partizipationsmöglichkeiten von Kindern, Jugendlichen und Mitarbeitenden sowie (d) eine Analyse von (institutionellen) Risikofaktoren. Ein Beschwerdesystem hat dabei vor allem das Ziel, Klienten gegen unprofessionelles Handeln zu schützen und die Qualität des professionellen Handelns zu verbessern (Alhafaji/Frederiks/Legemaate 2011). Dabei bieten Beschwerdeverfahren die Chance, Fehler, die institutionell oder personell bedingt sind, zu identifizieren und aus diesen Fehlern für die Zukunft zu lernen (de Feijer et al. 2012), denn sexueller Missbrauch bzw. sexuelle Übergriffe in Institutionen geschehen nicht allein aus einer Täter/Opfer-Konstellation heraus, sondern immer eingebettet in die Struktur und das System einer Institution (Fegert/Wolff 2002).

Viele Konzepte und Workflow-Diagramme zur Prävention und Intervention von sexuellem Kindesmissbrauch beschreiben im Falle einer Vermutung oder eines Verdachts den genauen Ablauf von Handlungsschritten. Jedoch lösen diese Konzepte nicht die Frage, wie eine Beschwerde entsteht, wie ein Fehlverhalten frühzeitig kommuniziert wird, sondern setzt erst dann ein, wenn ein Missbrauch bereits stattgefunden hat oder sich ein Verdacht erhärtet (Tschan 2012). Beschwerdesysteme sollten sich des Weiteren nicht ausschließlich auf sexuellen Missbrauch fixieren, sondern integral in der Institutionskultur verankert sein, um alle Arten von Beschwerden, Problemen, Missständen oder Fehlverhalten zu erfassen. Ein Beschwerdesystem sollte ein selbstverständlicher Bestandteil einer offenen und transparenten Kultur einer Einrichtung sein.

2 Charakteristika eines institutionellen Beschwerdesystems

Evaluierte und gut etablierte Beschwerdesysteme sind besonders aus dem Bereich der Luft- und Raumfahrt sowie aus dem Gesundheitswesen bekannt (ausführlicher dazu: Fegert/Ziegenhain/Fangerau 2010; Stauss/Seidel 2002). In der klinischen Versorgung und Qualitätssteuerung werden z.b. auch datenbankgestützte, intranetbasierte Beschwerdesysteme (Critical Incident Reporting Systems – CIRS) eingesetzt. In Einrichtungen der Kinder- und Jugendhilfe bzw. im pädagogischen Kontext sind evaluierte Beschwerdeverfahren kaum bekannt. Komplexe Beschwerdeverfahren sind kostspielig und personalintensiv. Ein bisher gängiges Modell im sozialen und pädagogischen Bereich ist das Angebot einer internen Vertrauensperson sowie unabhängigen externen Ombudspersonen, die speziell für Fragen zu übergriffigem Verhalten zuständig sind.

Der folgende Abschnitt soll einige Charakteristika von Beschwerdesystemen beschreiben, um Anregungen zu geben, wie auch in Einrichtungen der Kinder- und Jugendhilfe und des Bildungswesens ein Critical Incident Reporting System konzipiert werden kann: Wesentliches Merkmal ist der Identitätsschutz der Kinder oder Jugendlichen bzw. der Erwachsenen, die eine Beschwerde vortragen. Auch wenn Anonymität gerade im Kontext von Beschwerden zu Fehlverhalten im Beziehungsgeschehen eine Klärung und Korrektur von Verhalten möglicherweise erschwert, sollte der Anonymitätsgrundsatz auch in beziehungsstarken Arbeitsbereichen eine Option bleiben, weil gerade für von Übergriffen betroffene Kinder und Jugendliche Scham und Schuldgefühle eine erhebliche emotionale Belastung darstellen können. Daher gilt die Gewährleistung der Vertraulichkeit und der Anonymität. Problematisch ist der Vertrauensschutz jedoch dann, wenn eine Einrichtung ein sehr geschlossenes System ist, also z.B. in einer kleineren Einrichtung die betreffenden Berichterstatter auch leicht nachzuvollziehen sind. Weitere Merkmale eines Beschwerdesystems sind die einfache Handhabung und die leichte Zugänglichkeit. Es ist zu empfehlen, keine Engführung auf sexuell grenzverletzendes Verhalten in einem Beschwerdesystem anzubieten, sondern ein sehr offenes System zu gestalten. Es sollte (bei schriftlichen Beschwerdeverfahren) Freitextoptionen geben und eine zeitnahe Rückmeldung erfolgen, die gegebenenfalls je nach Schwere und Lage der Beschwerde von internen oder externen Expertinnen und Experten objektiv zu beurteilen ist.

Die Tabelle 1 fasst Überlegungen zu wichtigen Eigenschaften eines systemischen Beschwerdeverfahrens zusammen.

Tabelle 1: Eigenschaften eines Beschwerdesystems
(Fegert/Ziegenhain/Fangerau 2010, S. 137)

Merkmal	Begründung
Freiwilligkeit	Die Erstattung eines Berichts erfolgt freiwillig, es gibt keine Meldepflicht.
Anonymität bzw. strenge Vertraulichkeit	Rückschlüsse auf den Berichterstattenden sind nicht möglich, da das Berichterstattungssystem anonym oder streng vertraulich ist. Es werden keine personenbezogenen Daten an Dritte weitergegeben.
Sanktionsfreiheit	Die Berichterstattung zieht keine Sanktionen nach sich.
Unabhängigkeit	Das Berichtswesen sowie analysierende Expertinnen sind von jeglicher Autorität unabhängig, die Berichtende bzw. Nutzende bestrafen oder Einfluss auf die Auswertung der Berichte nehmen können.
Analyse durch ein Expertenteam	Die eingegangenen Berichte werden von einem Expertenteam analysiert, das sowohl mit den spezifischen Umständen des Umfelds des Meldenden vertraut ist, als auch die zugrunde liegenden Systemfehler erkennen kann.
Zeitnahe Rückmeldung an die Berichterstattenden und Umsetzung der evaluierten Empfehlungen	Die Berichte werden zügig analysiert und die Ergebnisse bzw. Empfehlungen dem Berichterstattenden bzw. der Allgemeinheit der Nutzenden rückgemeldet. Die durch die Analyse evaluierten Empfehlungen werden zügig umgesetzt.
Systemorientiertheit	Die Empfehlungen haben Veränderungen von Systemen, Prozessen oder Produkten im Blickpunkt.
Einfachheit	Das Formular zur Berichterstattung ist einfach auszufüllen und für jeden zugänglich.
Freitextfelder	Das Berichtsformular lässt ausreichend Raum für Freitext.

3 Definition von Fehlern und Fehlverhalten

Eine Beschwerde kann einerseits an einem konkreten Fehlverhalten festgemacht werden, das ein betroffenes Kind oder ein betroffener Jugendlicher erlebt, weil eine subjektiv wahrgenommene Verletzung des Selbstbestimmungsrechtes geschehen ist. Andererseits kann eine Beschwerde auch aufgrund einer Fremdwahrnehmung einer dritten Person identifiziert werden. Dabei stellt sich auch zugleich die Frage, inwieweit Kinder bzw. Jugendliche in der Lage sind, ein Fehlverhalten zu erkennen, zu benennen und es Dritten gegenüber auch zu äußern. Was also als Fehler und damit als Beschwerde zu definieren ist, ist jeweils geprägt von der subjektiven Sichtweise des Beschwerdeführenden. Man kann davon ausgehen, dass Fehler auch leichter angezeigt werden, wenn Institutionen die Haltung deutlich machen, Strukturen auch tatsächlich zu verbessern. Beschwerdesysteme funktionieren daher nur sinnvoll, wenn sie integraler Bestandteil der Institution sind. Dies bedeutet aber auch, dass Beschwerden über alltägliche nicht funktionierende Abläufe den nötigen Raum für eine Beschwerde haben dürfen, obgleich für die Beschwerdestelle eine Einordnung der Wichtigkeit und Dringlichkeit erforderlich ist, ohne wiederum vermeintlich bedeutungslosere Beschwerden zu bagatellisieren und nicht weiterzuverfolgen. Schon bei einfachen Beschwerden sollte die Beschwerdestelle angemessen reagieren, um zu zeigen, dass Beschwerden ernst genommen und bearbeitet werden.

Kommuniziert werden sollte auch die Haltung, dass Risiken existieren und Fehler immer passieren können. Zu einer Fehlerkultur gehört es, Fehler einzugestehen und sich bei den Betroffenen aufrichtig zu entschuldigen und Bedauern zu äußern (Fegert/Ziegenhain/Fangerau 2010). Eine Fehlerkultur als integraler Bestandteil eines Qualitätsmanagements befördert eine offene und ehrliche Kommunikation über Fehler, die auf einer Vertrauensbasis beruht.

4 Verfahren eines Beschwerdesystems

Ein Beschwerdesystem sollte im Sinne des Critical Incident Reporting Systems als „niedrigschwelliges" Angebot leicht erreichbar sein und anonym verwendet werden können; bei weitreichenden Anschuldigungen oder auf Wunsch der Meldenden muss ein gesicherter Weg der offenen Beschwerde eingerichtet werden. Es setzt die Bereitschaft der beteiligten Partner voraus, sich auf Veränderungsprozesse der „Einrichtungs- oder Verbands"-Kultur einzulassen und offensiv sowie konstruktiv mit Kritik und Beschwerden vielerlei Art, nicht nur zu sexualisierter Gewalt, umgehen zu können (Fegert et al. 2013). Die hier vorgeschlagene Maßnahme versteht sich als integraler Bestandteil eines institutionalisierten Qualitätsmanagements und hat modellhaft die Etablierung einer Beschwerde- und Ideentechnologie zum Ziel. Dieser Ansatz setzt den Willen zur Kritikfähigkeit und Verhaltensänderung voraus. Beschwerdesysteme sind dann erfolgreich, wenn sie ein Alltagslevel erreichen und nicht erst im äußersten Notfall im Sinne eines „Feuerlöschers" eingesetzt werden. Eine Ombudsstelle sollte für gravierende Ereignisse zuständig sein (siehe unten).

Ein Beschwerdesystem sollte aus einem vertraulich geschützten und einem öffentlichen Bereich bestehen (Abb. 2). Zunächst findet eine interne Berichterstattung über Ereignisse statt, welche durch Experten/Expertinnen geprüft wird, bevor die Ergebnisse der Analyse an einen externen Kreis weitergegeben werden und – je nach Einschätzung der Lage – daraus Veränderungsvorschläge entstehen. Übertragen auf ein Beschwerdesystem in Institutionen bedeutet dies, dass zunächst interne Strukturen aufgebaut werden sollten, die ein internes Hearing ermöglichen, um ein Fehlverhalten zu verifizieren, aber auch, um einen Personenschutz und eine Vertraulichkeit zu gewährleisten. Erst nach sachlicher Prüfung sollte ein weiterer Kreis von Personen eingebunden werden.

Abbildung 2: Funktionsweise eines Critical Incident Reporting Systems (CIRS) (nach Fegert/Ziegenhain/Fangerau 2010)

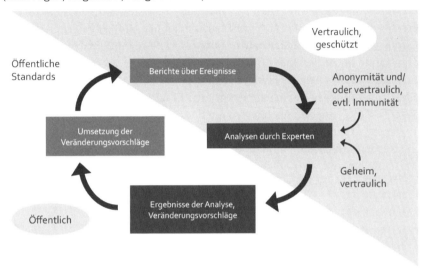

5 Umsetzung von Beschwerdesystemen

5.1 Interne Vertrauenspersonen und externe Ombudsstellen

Ein Beschwerdesystem sollte auf verschiedenen Ebenen angesiedelt sein. Unterschieden werden können die Verbandsebene, die Trägerebene sowie die Einrichtungsebene. Ein Verband mit einer überregionalen Ausprägung sollte unabhängig von der regionalen Verschiedenheit eine übergeordnete Ombudsstelle etablieren. Ein Beispiel ist hier die Hotline des Diözesancaritasverbandes Rottenburg-Stuttgart (siehe auch Beitrag von Wolfgang Tripp). Wichtig ist dabei, deutlich zu machen, wie das Selbstverständnis eines verbandsbezogenen Unterstützungsangebotes im Beziehung steht zu einer notwendigen externen Beteiligung im Beschwerdefall sowie zum Einrichtungsträger und zur Einrichtung. Innerhalb einer Einrichtung sind verbindliche, niedrigschwellige Angebote durch Vertrauenspersonen hilfreich. Gut zu überlegen ist, inwieweit diese Vertrauenspersonen erreichbar sind, welche Beziehung sie zu den Kindern und Jugendlichen pflegen und für welche Bereiche sie zuständig sind. Durch externe Angebote einer unabhängigen Stelle oder Person (Ombudsperson) wird sichergestellt, dass eine Beschwerde auch unabhängig von personalen Abhängigkeiten innerhalb einer Einrichtung verlässlich und vorurteilsfrei bearbeitet werden kann. Bei sexuellem Missbrauch bietet sich auf regionaler Ebene eine Kooperation mit entsprechenden Fachberatungsstellen an.

Wird von einem integralen Beschwerdesystem ausgegangen, so sollte ein Beschwerdemanagement sich nicht ausschließlich auf sexuell grenzverletzendes Verhalten oder Missbrauch spezialisieren, sondern Fehlverhalten und Missstände in der gesamten Institution umfassen.

Ein gutes Beispiel im Bereich der Kinder- und Jugendhilfe ist die Evangelische Jugendhilfe Schweicheln, die interne Beschwerde- und Anregungsmanager (BAMS) eingerichtet hat (www.ejh-schweicheln.de). Klar strukturierte und transparente Informationen in kinder- und jugendlichengerechter Sprache werden mit einem Faltblatt kommuniziert und eine Selbstverpflichtung zur schnellen und vertraulichen Lösung garantiert, die auch die Einbindung externer Personen ermöglicht.

5.2 Elektronische Beschwerdesysteme

Neben internen und externen Personen, die als Ombudspersonen agieren, können additiv oder komplementär technische Lösungen zur Beschwerdebewältigung eingesetzt werden. Eine webbasierte Lösung wurde an der Medizinischen Fakultät der Universität Ulm entwickelt, welche im Lehrbetrieb eingesetzt wird (Thumser-Dauth et al. 2010). Integriert in eine zentrale Lernplattform wurde ein anonymes Beschwerdetool eingerichtet, welche alle Beschwerdethemen und Fehler erfasst, die von Studierenden oder Lehrenden eingegeben werden. Definierte Beschwerdemanager/Beschwerdemanagerinnen auf verschiedenen Organisationsebenen der Einrichtung (Zentrale Verwaltung, Fachbereiche) sind dafür zuständig, adäquat auf die kommunizierten Beschwerden einzugehen. In gravierenden Situationen, bei denen es zu personalem Fehlverhalten kommt, sieht das System eine persönliche Mitteilung ohne Anonymitätsgarantie vor.

Der Caritasverband der Diözese Rottenburg-Stuttgart bietet im Rahmen der Online-Beratung einen spezifischen Beratungsbereich für sexuellen Missbrauch in Diensten und Einrichtungen der Caritas an (www.caritas-gegen-missbrauch.de).

5.3 Unabhängige Anlaufstellen bei sexuellem Missbrauch bzw. sexueller Gewalt

Auch die nationale Hotline des Unabhängigen Beauftragten zu Fragen des sexuellen Kindesmissbrauchs der Bundesregierung kann als Beschwerdesystem verstanden werden (Spröber et al. 2011). Solche Hilfs- und Beratungsangebote stehen auch Kindern und Jugendlichen zur Verfügung. Bekannt sind auch die „Nummer gegen Kummer" oder die Fachberatungsstellen, wie z.B. Wildwasser, Kobra, Thamar, Silberdistel et cetera. Jugendliche wenden sich auch an Beratungsstellen, die institutionsunabhängig sind: Z.B. die Nummer gegen Kummer (www.nummergegenkummer.de) oder die Jugendnotmail (www.junoma.de) (Jud et al. 2013). Auch der Caritasverband der Diözese Rottenburg-Stuttgart bietet eine Hotline für Betroffene (www.caritas-gegen-missbrauch.de, 0800–4300400) an.

5.4 Partizipationsmöglichkeiten

Im Kontext der Kinderrechte ist hier die Partizipation von Mädchen und Jungen als freie und gleichberechtigte Subjekte am Diskussionsprozess in Institutionen zu berücksichtigen (Enders 2010). Kindern und Jugendlichen ist die Möglichkeit zu geben, ihren Willen, ihre Interessen und Anliegen zu formulieren und entsprechend auch die institutionellen Rahmenbedingungen mitzubestimmen (Wolff/Hartig 2013; Hölling/Riedel-Breidenstein/Schlingmann 2010). Hierzu gehört z.b. die strukturelle Verankerung und Ausstattung von Beiräten, Gruppenvertretungen et cetera. Die Einbindung von Kindern und Jugendlichen in diese partizipativen Prozesse stellt eine unverzichtbare Voraussetzung des Beschwerdemanagements dar.

Um eine kontinuierliche Partizipation von Kindern und Jugendlichen garantieren zu können und ihre Meinung dauerhaft zu berücksichtigen, empfiehlt Enders (2010) je nach Einrichtungstyp die Etablierung regelmäßiger Befragungen in schriftlicher und standardisierter Form zur Zufriedenheit von Kindern und Jugendlichen in Institutionen, die altersabhängig zu gestalten sind. Dabei sollte explizit danach gefragt werden, wie Kinder und Jugendliche vor Grenzüberschreitungen und Gewalt durch Mitarbeiterinnen und Mitarbeitern bzw. Gleichaltrigen geschützt werden können. Zudem wäre es in einem breiter gedachten Rahmen von Partizipation auch wünschenswert, wenn Mitarbeiterinnen und Mitarbeiter an solchen Befragungen teilnehmen würden.

6 Erfahrungen mit Beschwerdeverfahren in stationären und ambulanten Einrichtungen

Die folgenden zusammenfassenden Überlegungen basieren auf den Erkenntnissen der Projektpartner bezüglich der Einrichtung eines Beschwerdeverfahrens, die während des dritten Workshops vorgestellt wurden (siehe Beitrag von Liebhardt/Fegert/Schloz). Sie erheben keinen Anspruch auf Vollständigkeit und stellen vielmehr einzelne Facetten aus der Praxis dar. Die Konzeption des Caritasverbandes der Diözese Rottenburg-Stuttgart ist des Weiteren im Beitrag von Tripp nachzulesen. Es wird zwischen stationären und ambulanten Einrichtungen unterschieden.

6.1 Stationärer Kontext

Stationäre Bereiche, wie z.B. die Jugendhilfe, unterliegen sehr detaillierten gesetzlichen Vorgaben unter Einbeziehung der übergeordneten staatlichen Aufsichtsbehörden. Verlässliche Ansprechpersonen als vertrauensvolle Bezugspersonen innerhalb der Einrichtung sind meist etabliert. Dies können z.b. Heimbeirat im Kinderheim oder Stockwerksprecher im Wohnheim sein. Eine generalisierbare Lösung gibt es nicht. Es muss je nach Rahmenbedingungen der Einrichtung eine adäquate Lösung gefunden werden. Eine externe Beschwerdestelle als vollständig unabhängige Person oder Institution jedoch lässt sich im stationären Bereich nicht immer leicht realisieren. Die internen Vertrauenspersonen sind oft erreichbar über lokal verortete Kommunikationshilfen, wie z.b. Briefkasten, Kummerkasten etc. Zu bedenken ist, welche Form der Anonymisierung dabei sinnvoll und notwendig ist. Namentlich versehene Beschwerden sind nachvollziehbar und können helfen, leichter effektive Lösungen zu erwirken. Externe Anlaufstellen sind eher über Telefon oder Email erreichbar. Wichtig ist, an allen räumlichen Schlüsselstellen im Gebäude und Gelände, die Kontaktdaten der Beschwerdeanlaufperson zu veröffentlichen und aktuell zu halten.

Zur Verbesserung der Akzeptanz sollten sowohl eine weibliche als auch eine männliche Vertrauensperson in regelmäßigen Abständen von Kindern und Jugendlichen einer Einrichtung gewählt werden können. Die Bezugspersonen in einer stationären Einheit gelten meist als die akzeptierteste Beschwerdeperson im Akutfall. Dies sollte auch sinnvoll und wertschätzend genutzt werden. Des Weiteren sollten durch eine verlässliche Partnerschaft mit ortsnahen Fachstellen externe Ombudspersonen berufen und bekannt gemacht werden. Ein zentraler Punkt ist die Stärkung und Beteiligung von Kindern und Jugendlichen im Partizipationsprozess, sodass sie wissen, dass und wie sie sich bei ihren Vertrauenspersonen beschweren können. Gemeinsam mit dem Diözesancaritasverband Freiburg im Jahr 2007 hat der Caritasverband der Diözese Rottenburg-Stuttgart die Initiative Habakuk ins Leben gerufen. Mittlerweile werden insgesamt fünf Regionalstellen angeboten, die die Aufgaben als Beschwerde- und Ombudsstelle übernehmen.

In stationären Einrichtungen bietet es sich auch an, vor, während und nach einem Aufenthalt kurze Feedback-Fragebögen einzusetzen, um aktuelle Beschwerden, Probleme oder Anregungen zu erfassen. Zugleich sind Feedback-Bögen auch ein Signal an Kinder und Jugendliche, dass ihre Meinung wichtig ist und ernst genommen wird. Sie ermöglichen aber auch eine angemessene Form an Anonymität. Mitarbeitende einer Einrichtung sollten in gleicher Weise an einer regelmäßigen Befragung eingebunden sein. Vielversprechend scheint auch das Modell von Stockwerksprecherinnen oder Gruppensprecherinnen zu sein, da diese als leicht zugängliche und niedrigschwellige Ersthilfe auf Augenhöhe fungieren können, wobei klare Rollen, Aufgaben und Erwartungen definiert werden müssen, um die Sprecherinnen nicht zu überfordern oder in eine Zwickmühle zwischen Mitbewohnerinnen und Einrichtungsleitung bzw. Betreuungspersonal zu bringen.

6.2 Ambulanter Kontext

Ebenso wie bei stationären Einrichtungen gehört bei ambulanten Diensten ein Beschwerdeverfahren zum Qualitätsmanagement-Verfahren. Aufgrund der ambulanten, aufsuchenden Tätigkeit bietet es sich an, zunächst durch ein Informationsblatt auf Vertrauenspersonen und telefonische Beschwerdemöglichkeiten hinzuweisen, wobei einschränkend darauf hinzuweisen ist, dass eine Beschwerdestelle nicht rund um die Uhr zur Verfügung stehen kann. Im besten Fall sollte die interne Beschwerdestelle nicht identisch mit der Einrichtungsleitung sein. Wird eine externe Beschwerdestelle angestrebt, ist für das Klientel deutlich zu machen, für welche Anliegen diese zuständig ist. Aufgrund des ambulanten Charakters ist allerdings auch damit zu rechnen, dass die Klienten/Klientinnen nicht immer trennscharf zwischen intern und extern unterscheiden können.

Problematisch ist grundsätzlich die Frage, ob und wie eine interne und externe Beschwerdeanlaufstelle etabliert und des Weiteren an die Klienten/Klientinnen sinnvoll und effektiv kommuniziert werden kann und soll. Je nach Klientel, z.B. in der aufsuchenden Familienarbeit, kann es problematisch sein, psychisch kranken Menschen, deren Familie ambulant begleitet wird, mit der Veröffentlichung einer Beschwerdehotline eine Plattform zu bieten, um krankheitsbildbezogene Bedürfnisse zu befrieden (z.B. Borderline). Die Mitarbeitenden bei Habakuk sind deshalb erfahrene und speziell geschulte Personen.

In ambulanten Einrichtungen, wie Kindertagesstätten, gehören Leitung und Kollegium sicher auch zu den ersten Beschwerdestellen, weil die Hemmschwelle zur Beschwerde ohnehin gering ist. Kinder sollten sich nur bei ihren Eltern über Personal beschweren können. Unabhängig von dem/der Beschwerdeführer/in und dem Beschwerdeinhalt sollte immer die nächsthöhere Instanz eingebunden werden (offizielle Dienstanweisung). Dieses Vorgehen schützt einerseits den Beschwerdeempfänger sowie andererseits die von einer Beschwerde betroffene Person. Des Weiteren obliegt es der höheren Instanz, zu klären, ob und wie weitere Unterstützung zur Bewertung und Verifizierung der Beschwerde erforderlich ist.

Im Kontext von offener Jugendarbeit (Beispiel Oberkochen) ist interessant zu sehen, dass auch anonymisierte, internetbasierte Beschwerdewege angedacht werden. Peer-Lösungen (evtl. im Sinne eines Streitschlichtermodells aus Schulen) ähnlich wie Gruppensprecher/innen im stationären Bereich könnten als niedrigschwellige Möglichkeit der Beschwerdekommunikation, Bindeglied zur Leitung und im Sinne von Partizipation aufgebaut werden. Ebenso sind Kinderpatenschaften denkbar zwischen den Kindern und Jugendlichen.

Die Erfahrung aus der Jugendmigrationsarbeit zeigt, dass die Herausforderungen vor allem in der kulturellen und sprachlichen Vielfalt der Jugendlichen bestehen. Die Schwere und Relevanz einer Beschwerde wird je nach Herkunft der Jugendlichen sehr unterschiedlich bewertet und diese können aufgrund sprachlicher Probleme nur unzureichend kommuniziert werden. Auffällig ist aber auch, dass diese Klienten/innen wegen der besseren Lebenssituation in Deutschland meist genügsamer sind.

7 Zusammenfassung

Ein Beschwerdesystem sollte nicht spezifisch und ausschließlich auf sexuellen Missbrauch abzielen, sondern grundlegend eine Möglichkeit schaffen, über alle Probleme, Missstände oder Fehler, aber auch über positive Aspekte wie Lob und Anregungen zu berichten. Ein Beschwerdesystem sollte daher nicht nur als „Feuerlöscher"-System platziert werden, sondern zur Normalität einer Einrichtung gehören. Ein Critical Incident Reporting System sollte niedrigschwellig angeboten werden („Auf Augenhöhe") und leicht zugänglich sein („Alltagslevel") – möglicherweise auch in elektronischer Form. Nach einer sachlichen Prüfung einer Beschwerde sollte zeitnah reagiert und die Einbindung externer Experten/Expertinnen erwogen werden. Ein gängiges Modell eines Beschwerdemanagements ist die Etablierung von internen Vertrauenspersonen und/oder externen Ombudsstellen. Wesentlich ist dabei ein breit gefächertes Angebot an Beschwerdemöglichkeiten, das sowohl fachliche Spezifika wie auch organisationsbezogene Vorgaben berücksichtigt. Wichtige Instrumente sind auch nationale und kommunale Angebote von unabhängigen Anlaufstellen, wie z.b. die Hotline des Unabhängigen Beauftragten für Fragen des sexuellen Kindesmissbrauchs oder andere internetbasierte Jugendportale oder Fachberatungsstellen.

Eine Kultur der Partizipation, die Mitbestimmung von Kindern und Jugendlichen bei der Gestaltung von Rahmenbedingungen und Abläufen in einer Einrichtung ermöglicht, stellt eine unverzichtbare Voraussetzung eines Beschwerdesystems dar, denn Kinder und Jugendliche werden durch Teilhabe gestärkt und sicherer darin, Bezugs- und Vertrauenspersonen aufzusuchen, die einen professionellen Umfang mit Verfahrensstrategien gewährleisten. Ein gut funktionierendes, in die Institutionskultur integriertes Beschwerdesystem, das eine Ausgewogenheit von Vertraulichkeit und Verfahrenssicherheit bietet, sollte zu einem selbstverständlichen Baustein eines Qualitätsmanagements von Einrichtungen des Gesundheits- und Bildungswesens und der Kinder- und Jugendhilfe werden. Für eine institutionsspezifische Auseinandersetzung mit einer Fehlerkultur braucht es ein Beschwerdeverfahren, das integraler Bestandteil der Institutionskultur wird, damit Kinder und Jugendliche, aber auch erwachsene Mitarbeiterinnen und Mitarbeiter, in vertraulicher Form die Möglichkeit haben, Beschwerden über ein Fehlverhalten bezüglich der Grenzverletzung der (sexuellen) Selbstbestimmung zu berichten. Beschwerdekultur als Teil einer Fehlerkultur heißt also, dass es neben verlässlichen Wegen und Zuständigkeiten um eine bewusste Haltung des Respekts und der Achtung von jedem Menschen geht. Dabei ist aber auch ein fehlerfreundliches Klima entscheidend, um sich auch mit schambesetzten Themen vertrauensvoll öffnen zu können.

Literatur

Alhafaji, F.Y./ Frederiks, B.J./ Legemaate, J. (2011): Concurrence between complaints procedures in the Dutch healthcare system. In: Eur J Health Law 18, H. 2, S. 127–148.

De Feijter J.M./ de Grave, W.S./ Muijtjens, A.M./ Scherpbier, A.J.J.A./ Koopmans, R.P.(2012): A Comprehensive Overview of Medical Error in Hospitals Using Incident-Reporting Systems, Patient Complaints and Chart Review of Inpatient Deaths. In: PLoS ONE 7, H. 2, S. 1.

Enders, U. (2010): Prävention von sexuellem Missbrauch in Institutionen. Bausteine präventiver Strukturen in Institutionen. http://www.zartbitter.de/0/Eltern_und_Fachleute/6020_praevention_von_sexuellem_missbrauch_in_institutionen.pdf [Abruf: 1. Juli 2014].

Fegert, J.M./ Ziegenhain, U./ Fangerau, H. (2010): Problematische Kinderschutzverläufe – Mediale Skandalisierung, fachliche Fehleranalyse und Strategien zur Verbesserung des Kinderschutzes. Weinheim und München: Juventa.

Fegert JM./Wolff M. (Hrsg.) (2002): Sexueller Missbrauch durch Professionelle in Institutionen. Prävention und Intervention. Ein Werkbuch. Münster.

Fegert, J.M./ Hoffmann, U./ Spröber, N./ Liebhardt, H. (2013): Sexueller Missbrauch von Kindern und Jugendlichen. Aktuelle (fach-)politische Diskussion und Überblick über Definitionen, Epidemiologie, Diagnostik, Therapie und Prävention. In: Bundesgesundheitsblatt 56, S. 199–207

Hölling, I./ Riedel-Breidenstein, D./ Schlingmann, T. (2010): Mädchen und Jungen vor sexueller Gewalt in Institutionen schützen. Handlungsempfehlungen zur Prävention von sexuellem Missbrauch in Institutionen der Jugendhilfe, Kinder- und Jugendfreizeiteinrichtungen, Schule und Kindertagesbetreuungseinrichtungen. Berlin: Der Paritätische.

Jud, A./ König, E./ Liebhardt, H./ Fegert, J.M. (2013): Hilfe im Netz? In: Nervenheilkunde 32, S. 841–847.

Landesinstitut für Lehrerausbildung und Schulentwicklung, Hamburg: Arbeitshilfe/ Checkliste: Arbeitsfeldspezifische Risiken im System Schule. li.hamburg.de/contentblob/3854694/data/doc-risikofelder.doc [Abruf 6. April 2013].

Liebhardt, H. (2014a): Beschwerdesysteme als integraler Bestandteil eines institutionellen Qualitätsmanagements. In: Fegert, J.M./ Hoffmann, U./ König, E./ Niehues, J./ Liebhardt, H. (Hrsg.): Sexueller Missbrauch von Kindern und Jugendlichen. Ein Handbuch zur Prävention und Intervention für Fachkräfte im medizinischen, psychotherapeutischen und pädagogischen Bereich. Heidelberg: Springer Verlag.

Liebhardt, H. (2014b): Beschwerde und Beschwerdeverfahren. In: Fegert, J.M./ Wolff, M. (Hrsg.): Kompendium Sexueller Missbrauch in Institutionen – Entstehungsbedingungen, Prävention und Intervention. Weinheim und München: Juventa.

Runder Tisch „Sexueller Missbrauch" in Abhängigkeits- und Machtverhältnissen in privaten und öffentlichen Einrichtungen und im familiären Bereich (2011): Abschlussbericht. Berlin.

Stauss, B./ Seidel, W. (2002): Beschwerdemanagement – Kundenbeziehungen erfolgreich managen durch Customer Care. Wien: Carl Hanser Verlag.

Spröber, N./ König, L./ Rassenhofer, M./ König, C./ Seitz, A./ Fegert, J.M. (2011): Entwicklung, Implementierung und erste Ergebnisse eines webbasierten Erhebungsrasters für die telefonische Anlaufstelle der Unabhängigen Beauftragten zu Aufarbeitung des sexuellen Kindesmissbrauchs in Deutschland. In: Kindheit und Entwicklung – Zeitschrift für Klinische Kinderpsychologie 20, H. 2, S. 83-94.

Thumser-Dauth, K./ Eichner, B./ Liebhardt, H./ Fegert, J.M. (2010): Elektronisches Beschwerde- und Ideenmanagement zur Qualitätsentwicklung in Lehre und Studium. Ein Umsetzungsbeispiel auf Fakultätsebene. In: Benz, W./ Kohler, J. / Landfried, K. (Hrsg.): Handbuch Qualität in Studium und Lehre. Berlin: Raabe-Verlag.

Tschan, W. (2012): Gewaltprävention in der Institution. Arbeitsbuch. Aarau: Stiftung Linda.

Wolff, M./ Fegert, J.M./ Schröer, W. (2012): Mindeststandards und Leitlinien für einen besseren Kinderschutz. Zivilgesellschaftliche Verantwortung und Perspektiven nachhaltiger Organisationsentwicklung. In: Das Jugendamt 3, S. 121–126.

Wolff, M./ Hartig, S. (2013): Gelingende Beteiligung in der Heimerziehung: Gute Praxis beim Mitreden, Mitwirken und Mitbestimmen von Kindern. Weinheim und Basel: Beltz Juventa.

Umgang mit potentiell grenzverletzenden Verhaltensweisen in der aufsuchenden Familienarbeit der Frühen Hilfen am Standort Ludwigsburg

Claudia Kempinski, Ursula Gampper

Die Aufgabe der Fachstelle Frühe Hilfen ist es, Familien in Belastungssituationen mit Kindern im Alter von der Geburt bis zu drei Jahren frühzeitig zu erreichen und zu unterstützen. Ziel ist es, die Kompetenzen und Potentiale der Familien zu entdecken und zu fördern. Gleichwohl gehört es zum Selbstverständnis des multiprofessionellen Teams, aufmerksam gegenüber familiären Risikofaktoren und Anzeichen von Kindeswohlgefährdung zu sein, um mögliche Entwicklungsstörungen früh zu erkennen und den Schutz von Kindern zu sichern.

Die Trägerschaft der Fachstelle liegt bei der Caritasregion Ludwigsburg-Waiblingen-Enz, der Diakonie- und Sozialstation Ludwigsburg und dem Sozialpädiatrischen Zentrum Ludwigsburg. Besetzt ist die Fachstelle mit drei Sozialpädagoginnen mit 40 %, 60 % und 100 % Stellenumfang, die bei der Caritas sowie der Diakonie- und Sozialstation angestellt sind. Zusätzlich arbeiten vier Familienhebammen an der Fachstelle auf Honorarbasis mit. Der Honorarvertrag ist mit der Diakonie- und Sozialstation abgeschlossen, die die gesamte Verwaltung für die Fachstelle übernommen hat. Die Fachstelle wird zu 100% durch den Landkreis Ludwigsburg finanziert. An den regelmäßigen Teamsitzungen nehmen neben den Sozialpädagoginnen und Familienhebammen jeweils eine Leitungsperson der Träger Caritas sowie Diakonie- und Sozialstation und darüber hinaus eine Ärztin aus dem Sozialpädiatrischen Zentrum teil. In die Projektgruppe wurde das ganze Team inklusive der Leitung miteinbezogen.

Die Arbeit der Fachstelle ist durch die aufsuchende Arbeit der Mitarbeiterinnen geprägt.

Unser Arbeitsfeld weist eine sehr unterschiedliche Arbeitsdichte mit den Klienten und Klientinnen auf. Bei den Sozialpädagoginnen geht dies vom einmaligen Kontakt bis zu maximal 39 Kontakten pro Familie. Das entspricht einer durchschnittlichen Anzahl von fünf Kontakten pro Familie. 39% der Familien sind zwischen einer und fünf Wochen in Betreuung, 16% sechs bis zehn Wochen, 12% zehn bis 15 Wochen und 34% über 15 Wochen.

1 Zielsetzung und Vorgehen

Nach dem ersten Workshop im Oktober 2013 in Stuttgart wurde das gesamte Team über das Vorhaben informiert. Im November 2013 wurde das weitere Vorgehen, d.h. die Erstellung einer Risikoanalyse, die Visualisierung einer Ampel[1] und daraus resultierende notwendige Papiere, abgesprochen. Im Rahmen dessen wurde immer wieder das Thema Beschwerdemanagement diskutiert. In der Risikoanalyse wurde herausgearbeitet, welche grenzverletzenden Verhaltensweisen in der Arbeit mit den Familien beobachtet werden. Dies geschah aus den verschiedenen Professionen und Rollen heraus (Sozialpädagoginnen, Familienhebammen, Leitung). Die grenzverletzenden Verhaltensweisen wurden mit Blick auf die Mitarbeiterinnen und auf die Klienten und Klientinnen hin analysiert. Ziel des Projekts ist es, zu überprüfen, welche Haltung gegenüber Grenzverletzungen unsere Arbeit prägen soll. Außerdem stellte sich in dem Zusammenhang die Frage, wie mit Grenzverletzungen sowohl von Seiten der Mitarbeiterinnen als auch von Seiten der Klienten und Klientinnen umzugehen ist und wie diese zu bearbeiten sind.

Die Motivation der Mitarbeiterinnen, sich an dem Projekt zu beteiligen, ging von eigenen Erfahrungen mit Grenzverletzungen in der aufsuchenden Arbeit mit den Familien aus. In einem ersten Schritt wurden verschiedene Situationen gesammelt, in denen Grenzverletzungen stattfinden können, sowohl von Seiten der Mitarbeiterinnen als auch von Seiten der Klienten und Klientinnen. Dabei ging es um beginnendes und erlebtes grenzverletzendes Verhalten. Des Weiteren ging es um vorstellbare, realistische, grenzverletzende Situationen in der aufsuchenden Arbeit. Das Thema sexueller Missbrauch stand nicht im Vordergrund. Das Thema Kinderschutz ist bei allen Mitarbeiterinnen der Fachstelle immer präsent.

Durch die Auseinandersetzung mit dem Thema Grenzverletzungen in der Arbeit und die Erstellung der Risikoanalyse wurden drei Schwerpunkte deutlich:

- Erarbeitung einer Ampel

---

1 Vgl. dazu den Artikel von Liebhardt/Fegert/Schloz in diesem Buch.

- Erstellung eines Informationspapieres für die Klienten und Klientinnen
- Entwicklung eines Beschwerdeverfahrens.

2 Arbeitsschritte der Risikoanalyse als Ampelmodell

Aufgrund der oben beschriebenen Betreuungsdichte gestaltet sich eine Einbeziehung der Klientel in eine Risikoanalyse als schwierig, weshalb bis zum jetzigen Zeitpunkt darauf verzichtet wurde. Unser Schwerpunkt lag auf der gemeinsamen Einigung von risikobehaftetem Verhalten, was wegen der unterschiedlichen Berufsgruppen und Träger erforderlich war. Eine Befragung des Klientels in Form eines Rückmeldebogens erschien uns zum jetzigen Zeitpunkt noch nicht umsetzbar, bleibt aber durchaus ein ernst zu nehmendes Instrument zur Qualitätssicherung unseres Angebotes.

In allen beteiligten Berufsgruppen wurden Situationen gesammelt, in denen Verhaltensweisen von Mitarbeiterinnen oder des Klientels als risikobehaftet eingeschätzt wurden. Diese wurden auf Karten notiert, entsprechend geclustert und anschließend in Form einer Ampel dargestellt. Diese wurde für die Mitarbeiterinnen im Laufe des Prozesses zu einem Reflexionsinstrument und soll dazu dienen, die alltägliche Arbeit, auf dem Hintergrund von möglichen Grenzverletzungen zu reflektieren und gemeinsame Lösungen zu erarbeiten.

Die Analyse von risikoreichen Grenzsituationen in Bezug auf Klienten und Klientinnen hat innerhalb des Teams einen wichtigen Reflexions- und Verständigungsprozess angestoßen. Wir haben uns auf diesem Weg darauf geeinigt, dass wir folgendes Verhalten als grenzwertig ansehen.

Im roten Bereich der Ampel:

1. in Bezug auf Klienten bzw. Klientinnen:
   – Grenzüberschreitungen in Form von sexualisiertem Verhalten und rassistischen Äußerungen gegenüber Mitarbeiterinnen

2. in Bezug auf Mitarbeiterinnen:
   – Grenzüberschreitendes oder nicht wertschätzendes Verhalten gegenüber Klienten bzw. Klientinnen
   – im körperlichen Bereich: z.B. ungefragtes Anfassen der Mutter, ungefragtes Hochnehmen des Kindes
   – im Gespräch: wenig wertschätzende Äußerungen, zu intime Fragen, abwertende Mimik

- im Umgang mit Informationen: Gespräch mit Dritten oder anderen Stellen ohne Schweigepflicht, Auskunft an dritte Personen im öffentlichen Raum

Im gelben Bereich der Ampel:

→ in Bezug auf Klienten bzw. Klientinnen:
- Klienten bzw. Klientinnen begegnen den Mitarbeiterinnen mit unangemessener Kleidung, Sprache oder unangemessenem Verhalten, z.b. Männer öffnen ohne Oberbekleidung und in Unterwäsche die Tür
- Unangemessene Rahmenbedingungen, z.b. laufender Fernseher, unhygienische Zustände, Handy permanent im Fokus, Haustiere nicht unter Kontrolle
- Klienten bzw. Klientinnen versuchen, Mitarbeiterinnen zu instrumentalisieren (z.b. bei Paar- oder Familienkonflikten)

→ in Bezug auf Mitarbeiterinnen:
- Rahmenbedingungen, z.B. Regeln der Familien nicht einhalten (Schuhe ausziehen)
- Umgang mit der Privatsphäre, z. B. Aufdrängen in der Weitervermittlung von Hilfen, Dienstwagen mit Logo vor der Haustür parken

In unserer Arbeit wollen wir die unter rot und gelb aufgeführten grenzverletzenden Verhaltensweisen künftig vermeiden und uns dadurch unserem Idealzustand („dem grünen Bereich der Ampel") annähern.

3 Informationsblatt für Klienten und Klientinnen

Der Prozess machte uns bewusst, dass es sinnvoll ist, für die Klienten und Klientinnen ein Informationsblatt zu erstellen (s. Abb. 1), welches die Arbeit an der Fachstelle transparent macht. Wir wollen so für die Klienten und Klientinnen die Haltung der Mitarbeiterinnen im Umgang mit den Hilfesuchenden deutlich machen und unseren Umgang mit den erhaltenen Daten beschreiben. Ob das Infoblatt die Telefonnummern der Träger enthalten wird, muss noch abschließend im Team diskutiert werden.

Abbildung. 1: Informationsblatt zur Schweigepflicht

Willkommen bei der Fachstelle Frühe Hilfen Ludwigsburg.

Wir möchten Sie zu Beginn unserer Zusammenarbeit über unsere Arbeitsweise und unser Team informieren.Wir sind ein kostenfreies Angebot innerhalb des Landkreises Ludwigsburg. Wir kommen aus unterschiedlichen Berufsfeldern (Familienhebammen und Sozialpäda-goginnen) und arbeiten in einer Trägerkooperation der Diakonie- und Sozialstation Ludwigs-burg, der Caritas Ludwigsburg-Waiblingen-Enz, des Sozialpädiatrischen Zentrums Ludwigs-burg sowie den Familienhebammen aus dem Landkreis Ludwigsburg.

Ein wertschätzender und respektvoller Umgang mit Ihnen, Ihrer Familie und Ihrer persönli-chen Situation ist uns in der Zusammenarbeit sehr wichtig.

Dabei ist uns wichtig, Sie über das Angebot der Fachstelle und die Qualifikation der Mitarbe-iterinnen zu informieren. Ihre personenbezogenen Daten und Informationen, die wir in der Zusammenarbeit mit Ihnen erhalten, werden vertraulich behandelt, wir unterliegen der ge-setzlichen Schweigepflicht. Zu unserer Arbeit gehört der fachliche Austausch innerhalb des Teams der Fachstelle (Teamsitzung und Supervision). Auch dabei unterliegen alle Mitarbeiter-Innen der gesetzlichen Schweigepflicht.

Informationen über die Gespräche mit Ihnen und Untersuchungen dürfen nur mit Ihrer aus-drücklichen Einwilligung an andere Beteiligte außerhalb der Fachstelle weitergegeben werden (Entbindung von der Schweigepflicht).

Der Datenschutz und die Datenverarbeitung sowie die anonymisierte statistische Auswertung erfolgt gemäß den gesetzlichen Bestimmungen und der allgemeinen Datenschutzordnung. Nach Abschluss der Zusammenarbeit mit Ihnen werden Ihre Daten nach der gesetzlichen Aufbewahrungsfrist vernichtet.

Bei Anregungen wenden Sie sich bitte an Claudia Kempinski, Tel.: 07141/2520730

Falls Sie einen Termin nicht wahrnehmen können, melden Sie sich bitte rechtzeitig bei uns.

Datum   Unterschrift

4   Niederschwellige, telefonische Beschwerdeoption

In der Auseinandersetzung mit einem Beschwerdeverfahren wurde deutlich, dass es für die Klienten und Klientinnen keine klar ersichtliche Möglichkeit gibt, sich bei grenzverletzendem Verhalten der Mitarbeiterinnen an eine ent-sprechende Stelle zu wenden.

Bisher haben die Klienten bzw. Klientinnen die Möglichkeit, sich direkt mit den Mitarbeiterinnen in Verbindung zu setzen, die sie betreuen. Wenn sie in der Fachstelle anrufen, ist gegebenenfalls der Anrufbeantworter eingeschaltet oder sie treffen am Telefon auf die Mitarbeiterin, über die sie sich beschweren wollen. Es wurde uns bewusst, dass die bisherigen Beschwerdewege nicht niederschwellig genug sind. Für eine Beschwerde von Seiten der Klienten und Klientinnen wäre die Benennung eines Ansprechpartners bzw. einer Ansprechpartnerin sinnvoll. Die Klienten bzw. Klientinnen benötigen dazu Informationen zur Erreichbarkeit. Es muss im Team noch über die Art und Weise des Kommunikationsweges mit den Klienten bzw. Klientinnen diskutiert werden, um einen gemeinsamen und der vielfältigen Trägerstruktur angepassten, machbaren Lösungsweg zu erarbeiten

5 Fazit

Im Prozess wurde deutlich, dass die einzelnen Träger Unterschiedliches entwickelt haben. Für die Fachstelle gilt es, einen transparenten, gemeinsamen Umgang mit grenzverletzendem Verhalten zu finden. Das erstellte Informationspapier für die Klienten und Klientinnen ist neben der Ampel ein erstes Produkt der Vergemeinschaftung unseres Prozesses. Ein weiterer notwendiger Baustein ist die Erarbeitung eines einheitlichen Beschwerdeweges. Die Qualitätsentwicklung mit Hilfe von noch zu entwickelnden Nachbefragungsinstrumenten ist Aufgabe für die Zukunft.

Bei der Befassung mit dem Thema eines institutionellen Kinderschutzkonzeptes wurden die unterschiedlichen Blickwinkel und Sichtweisen der verschiedenen Professionen und Träger sichtbar. Notwendig ist eine gemeinsame Verständigung auf eine klare Haltung hin.

Wesentlich für unseren gemeinsamen Prozess der Auseinandersetzung war vor allem die Bewusstmachung einzelner gefährdender Situationen in der alltäglichen Arbeit. Dies hat innerhalb des Teams zu einem gemeinsamen Verständnis geführt und letztlich auch zur Wir-Identität des Angebotes beigetragen. Wir stehen mit der Qualitätsentwicklung des Kinderschutzes am Anfang. Die Gespräche wurden jedoch als wertvoller Baustein in unserem verantwortungsvollen Handeln mit risikobelasteten Familien erlebt. Die Metabefassung machte es uns möglich, Prozesse gemeinsam zu reflektieren und ist uns ein guter Erfahrungsschatz, um weitere notwendige Schritte auf diesem Weg zu gehen.

Jung und Alt miteinander unterwegs zu Achtsamkeit und Verantwortung

Karin Lakotta

Das Kinder- und Familienzentrum (KiFaZ) Wilde Hilde in Stuttgart-Mitte ist eine Einrichtung der IN VIA, dem Katholischen Verband für Mädchen- und Frauensozialarbeit in der Diözese Rottenburg-Stuttgart. Zielgruppe des Zentrums mit seinen Angeboten sind sowohl alle Kinder der hausinternen Kindertagesstätte und deren Familien als auch die Kinder und Familien des Stadtteils. Zum Zentrum gehört die Kindertagesstätte Wilde Hilde mit der „Kleinen Hilla", den Kinderkrippen, und der „Großen Hilde", einem Hort, und den altersgemischten Gruppen der Kindertagesstätte. An dem Projekt „Entwicklung eines caritasspezifischen Kinderschutzkonzepts" nahmen im KiFaZ alle elf Gruppen der Kindertagesstätte und die Leitung des Familienzentrums teil.

1   Ziele und Herausforderungen

Mit der Teilnahme an dem Projekt wurden verschiedene Ziele verknüpft:

1. Die Mitarbeiterinnen im KiFaZ werden für das Thema Kinderschutz sensibilisiert.
2. Für die Einrichtung wird eine Risikoanalyse für Kindeswohlgefährdung erstellt.
   - Es werden alltägliche Situationen und Orte mit Gefährdungspotential identifiziert.
   - Besonders Situationen, in denen einzelne Mitarbeitende mit einem oder mehreren Kindern „alleine" sind, werden in den Blick genommen.
   - Gefährdete Personengruppen oder Einzelpersonen sind erkannt und
   - der Umgang mit (sexualisierter) Gewalt in der Einrichtung ist thematisiert und hinterfragt.

3. Ein Ampelsystem[1] wird entwickelt, das geeignet ist, einzuschätzen, wann Kinder in der Einrichtung hinsichtlich sexueller Gewalt sowie übergriffigem und grenzverletzendem Verhalten gefährdet sind.
4. Für diese Ampel werden zwei sprachlich unterschiedliche Modelle entwickelt, von denen sich eines an die Eltern sowie Mitarbeitenden und das andere an die Kinder richtet.

Einige Ausgangspunkte waren für das KiFaZ herausfordernd. Die deutschen Sprachkenntnisse der Eltern sind oftmals nicht umfangreich genug, um bei größeren Diskussionsrunden kontinuierlich inhaltlich „am Ball" zu bleiben. Zudem sind aufgrund der verschiedenartigen kulturellen Hintergründe die Themen Sexualität und Gewalt unterschiedlich behaftet und es stellt sich die Frage, wie diese Themen in der Kindertagesstätte kultursensibel behandelt werden können. Und letztlich war zu überlegen, wie sich die Eltern die Arbeit der Kindertagesstätte wünschten bzw. wie Situationen und Maßnahmen von den Mitarbeitenden fachlich eingeschätzt wurden.

2 Projektgruppe zur Risikoanalyse

Die koordinierende Projektgruppe setzte sich aus sechs Personen zusammen: der Einrichtungsleitung des KiFaZ und der Leitung des Familienzentrums sowie jeweils für die Große Hilde und die Kleine Hilla zwei Mitarbeitende aus einem der Doppelteams. Diese Gruppe führte die Risikoanalyse in der Einrichtung durch und begleitete die Entwicklung der Ampel. Kinder, Eltern und Mitarbeitende arbeiteten daran mit, was die Ampelfarben bedeuten sollten und entwickelten passende Texte (s. Abb. 1). Die Arbeitsergebnisse der Teilgruppen wurden von der Projektgruppe zusammengeführt und die Texte für die Ampel fertiggestellt. In einer letzten Runde wurden die einzelnen Inhalte der Ampelfarben durch alle Beteiligten bewertet und hierarchisiert. Anregung lieferte dazu auch der Austausch mit Fachkräften des Familienzentrums St. Josef in Stuttgart-Ost, dem das KiFaZ sein Ampelkonzept vorstellte.

Die Risikoanalyse und der erste Entwurf für die Ampel wurden in 20 Terminen von je zwei Stunden erstellt. In weiteren 40 Stunden wurde die Ampel vor- und nachbereitet. Der Entwurf der Ampel wurde im Verlauf von sieben Monaten erstellt.

---

1 s. dazu den Artikel von Liebhardt/Fegert/Schloz in diesem Buch.

IN VIA

STOP,

DAS IST VERBOTEN

Dieses Verhalten wird nicht toleriert.
Hier handeln wir konsequent nach Vorgaben.
Die Leitung wird in Kenntnis gesetzt.

NEIN,

DAS IST NICHT OK.

Dieses Verhalten verletzt Grenzen.
Darüber werden wir reden und es
klären.

JA,

DAS IST IN ORDNUNG.

Dieses Verhalten ist angemessen.
So wollen wir miteinander umgehen.

3   Beteiligte Gruppen

Mitarbeitende und Eltern unterstützten die Projektgruppe bei der Risikoanalyse und der Entwicklung der Ampel. Es beteiligten sich alle Mitarbeitenden des KiFaZ Wilde Hilde, die mit einem Einladungsschreiben zusätzlich motiviert worden waren. Die Eltern waren vorab auf den regulären Elternabenden über das Projekt informiert worden. Für die Weiterarbeit wurden thematische Elternabende angeboten. Aus dem Kreis der Elternschaft haben sich, motiviert durch eine schriftlichen Einladung, letztlich 36 von 150 Personen beteiligt (s. Abb. 2, S. 73). Die Kinder arbeiteten anhand konkreter Beispiele in Morgenkreisen, Gesprächsrunden und Kinderkonferenzen mit.

4   Informationsmaterialien

Die Informationsmaterialien wurden hintangestellt, da es für die Zielgruppe der Drei- bis Sechsjährigen zwar Geschichten zum Lesen aber keine Bilderbücher zu den Themen gibt.

Die Projektgruppe kam zudem zur Einschätzung, dass es eine Fülle an Unterlagen für Mitarbeitende gibt, die ausgehändigt oder vorgelegt und unterzeichnet werden müssen (Materialien zum Führungszeugnis, zum Datenschutz oder eine Selbstverpflichtungserklärung). Es fehlen aber inhaltliche Informationen zu den Themen Gewalt, Grenzen und Grenzwahrung. Auch mangelt es an einem standardisierten Verfahren mit dem die Mitarbeitenden zu ihrer Haltung zum Kinderschutz geschult werden können. Grundlegend dafür wäre ein Informationsblatt zu den benannten Themen für neue Mitarbeiterinnen und für Eltern, eventuell auch eines für die Kinder. Zusätzlich müsste ein Standard für Gespräche der Mitarbeitenden mit neuen Kolleginnen und Kollegen, mit Auszubildenden und Ehrenamtlichen entwickelt werden.

5   Bauliche Veränderungen

An der Einrichtung selbst lassen sich kleinere bauliche Veränderungen wie zum Beispiel Schließanlagen mit wechselnden Zahlencodes zeitnah umsetzen. Maßnahmen aber wie einen Wickelbereich, der für Nichtbeteiligte nicht einsehbar ist, würden größere und kostenintensivere Neuplanungen und Umbauten erfordern.

Abbildung 2: Einladungsschreiben an Eltern

KiFaZ Wilde Hilde
IN VIA Kinder- und Familienzentrum

KiFaz Wilde Hilde - Olgastraße 62 - 70182 Stuttgart

An die Familien des KiFaZ Wilde Hilde

Betrifft: Kinderschutzkonzept   Datum: 09.01.2014

Liebe Familien der Gruppen 1 und 2 und Hortfamilien frühere Gruppe 1 und 2,

Hier hat JedeR das Recht auf Schutz und Sicherheit. Von diesem Motto will sich die im Oktober 2013 gegründete Arbeitsgruppe leiten lassen.

Diese Arbeitsgruppe möchte dazu beitragen, dass das Thema des gegenseitigen Respekts von Grenzen mehr in die Diskussion kommt. Wir sind der Auffassung, dass dieses Thema der weiteren Qualitätsverbesserung in Zusammenarbeit aller Kinder, MitarbeiterInnen und Ihnen als Familien dienen wird. Zugleich gehen wir davon aus, dass wir das Recht auf Schutz in Einrichtungen nur gemeinsam verbessern können, weil alle davon betroffen sind. Respekt, Schutz und Grenzen sind Themen, die uns alle angehen!

Wir möchten darum mit diesen Themen alle ansprechen, die mit uns in Verbindung sind und in Kontakt stehen.

Zunächst möchten wir die Kinder einbeziehen, weil wir ihre Vorstellungen und Ideen berücksichtigen möchten. Zu diesem Thema sollen in allen Gruppen Diskussionen (altersentsprechend) stattfinden.

Im Anschluss möchten wir Sie zu einem Elternabend am 30.01.2014, 17:00 Uhr im Raum 131 (1.OG, Olgastr. 62) einladen. Bei dieser Veranstaltung geht es um eine Gefahrenanalyse in den Gruppenbereichen. Uns geht es hierbei um potentielle Grenzen, die Erwachsene gegenüber Kindern überschreiten könnten. Vor diesem Hintergrund möchten wir Sie zu einer Gruppendiskussion und Austausch einladen.

Das Thema ist das Recht jeder/s Einzelnen auf Schutz und Sicherheit.

Und das wird passieren!

Wir haben drei Plakate vorbereitet, die dafür dienen, das Ergebnis festzuhalten.

Auf den Plakaten sind drei Stufen von möglichen Verhalten aufgeführt: es geht um „No-GoS", „Don'ts" und „Gos". Die Skala reicht demnach von Verhalten, das nicht sein darf, weil es ohnehin verboten ist, über Verhalten, das Diskussionen hervorbringt, weil es hier oft zu Meinungsverschiedenheiten kommen kann, bis hin zu Verhalten, das sich alle wünschen und was den gegenseitigen Respekt beachtet.

Unsere Hoffnung ist, dass wir mit diesen Plakaten und mit diesen Diskussionen einen gemeinsamen konstruktiven Prozess einleiten. Dazu wird das Mitmachen und Mitdenken von allen benötigt, die bei uns sind.

Wir freuen uns auf einen anregenden Austausch.

Mit freundlichen Grüßen

Karin Lakotta

Einrichtungsleitung KiFaZ Wilde Hilde

IN VIA

Katholischer Verband für Mädchen-
und Frauensozialarbeit Diözese
Rottenburg-Stuttgart e.V.

Olgastraße 62
70182 Stuttgart
Fon 0711 248931-56
Fax 0711 248931-30

www.invia-drs.de
klakotta@invia-drs.de

Mitglied des Internationalen
Verbandes ACISJF – IN VIA

Fachverband im
Caritasverband der Diözese
Rottenburg-Stuttgart e.V.

Baden-Württembergische Bank
BLZ 600 501 01 Konto 2182249

IBAN DE4460050101000218249
BIC/Swift-Code SOLADEST600

6 Personelle und zeitliche Ressourcen

Aktuell legt die Mindestpersonalverordnung einen Personalschlüssel fest, der in der Kindertagesstätte und hier vor allem in der Krippe keine kontinuierlich wünschenswerte ausreichende Personalstärke gewährleistet, um optimale Rahmenbedingungen für den Kinderschutz zu gewährleisten. Ein unterstützender Dienst wie ein personell besetzter Empfang ist leider nicht finanzierbar. Ebenso mangelt es an zeitlichen Ressourcen für die Schulung von neuen Mitarbeitenden. Gerade in der Kindertagesstätte wechselt das Personal häufig. Auch für weiterführende Gespräche mit dem Jugendamt oder Beratungsstellen sind nur begrenzt zeitliche Ressourcen verfügbar.

7 Ergebnisse der Risikoanalyse

Sowohl die Mitarbeitenden als auch die Eltern und Kinder wurden umfassend sensibilisiert. Themen, etwa wie Einzelangebote für Kinder zu gestalten sind oder wie der Umgang mit Spielzeugwaffen geregelt werden kann, wurden neu diskutiert. Dass sich die Eltern auf freiwilliger Basis in einem so hohen Maße beteiligten, war ein schöner Erfolg. Da alle umfassend miteinbezogen wurden, erreichte das gegenseitige Verständnis der Mitarbeitenden und der Eltern eine neue Qualität. Die unterschiedlichen Haltungen wurden dadurch nachvollziehbar. Im Anschluss war eine höhere Mitverantwortung für das KiFaZ, vor allem auch seitens der Eltern, spürbar.

Für die Kinder war das Ampelprinzip leicht verständlich und es wurde gut in den Gruppenalltag integriert. Einzig die Bedeutung der gelben Ampelphase bereitete ihnen Schwierigkeiten.

Für die eingangs benannten Herausforderungen konnten zum Teil Lösungsansätze entwickelt werden. Den geringeren deutschen Sprachkenntnissen seitens vieler Eltern wurde damit begegnet, die Diskussionsrunden deutlich zu verkleinern. Das Problem konnte damit aber nur zum Teil gelöst werden. Zum kultursensiblen Umgang mit den Themen Sexualität und Gewalt überlegte die Projektgruppe mit einer Kollegin mit Migrationshintergrund, entsprechende Qualifizierungsmaßnahmen anzubieten, sowohl für die Mitarbeitenden als auch für die Eltern. Zu gegensätzlichen Positionen zwischen Eltern und Mitarbeitenden läuft ein Prozess zum Umgang mit waffenähnlichen Gegenständen in der Kindertagesstätte.

Insgesamt können die Projektergebnisse in verschiedenen Bereichen genutzt werden. Beispielsweise wenn sie als Grundlage für die Einführung neuer Mitarbeitenden sowie Kontaktgespräche mit neuen Eltern dienen oder als ein Baustein für entsprechendes Informationsmaterial. Die Erfahrungen aus dem Projekt können in Schulungen mit neuen Mitarbeitenden und Praktikantinnen und Praktikanten einfließen. Bei baulichen Neuplanungen kann die Gefährdungsanalyse der Räumlichkeiten berücksichtigt werden. Wenn im KiFaZ Abläufe angepasst werden, sind die Ergebnisse von Nutzen.

8 Erfolgsbedingungen

Um das Projekt erfolgreich umzusetzen, ist die Motivation der Mitarbeitenden entscheidend. Nötig sind auch zeitliche Ressourcen für das Projekt, die nur im Einverständnis mit dem Vorstand und der Leitung frei gegeben werden können. Weitere Beteiligte einzubinden, wie die Eltern und die Kinder, gelingt nur, wenn diese Gruppen anfänglich umfassend informiert und motiviert wurden. Besonders motivierend für die Eltern und die Mitarbeitenden war es, sich mit der eigenen Haltung zu Gewalt auseinander zu setzen. Dies schuf eine tragfähige Basis dafür, eine gemeinsame Haltung zum Kinderschutz zu entwickeln.

Grenzensetzer

Ein Projekt zum Kinderschutz in der offenen Jugendarbeit und Schulsozialarbeit bei der Caritas Ost-Württemberg

Volker Schnabel

Die Caritas Ost-Württemberg beteiligte sich am Projekt zur „Entwicklung eines caritasspezifischen Kinderschutzkonzepts" zum einen im Feld der offenen Jugendarbeit und zum anderen im Bereich der Schulsozialarbeit mit dem Jugendcafé Gerstetten, dem Jugendtreff Oberkochen und der Schulsozialarbeit Oberkochen.

Das Jugendcafé in Gerstetten ist ein offener Jugendtreff, der in den Räumen des c● familie[1] Gerstetten installiert wurde. Die Kinder und Jugendlichen wurden anhand einer Befragung bei der Ausgestaltung des Angebots beteiligt. Gerstetten ist eine kleine Gemeinde (ca. 6.000 Einwohner / 11.000 Einwohner mit Teilorten) und an zwei bis drei Abenden die Woche öffnet der hauptamtliche Mitarbeiter das Jugendcafé für Kinder und Jugendliche im Alter von 10 bis 21 Jahren.

Der Jugendtreff Oberkochen (ca. 8.000 Einwohner) dient dem Projekt „Zukunft Jugend" als Plattform. Dort werden für und mit Kindern und Jugendlichen Angebote entwickelt und durchgeführt. Sie bekommen Unterstützung und Begleitung bei schulischen Hausaufgaben sowie bei der Suche nach einer geeigneten Ausbildungsstelle. Die hauptamtliche Mitarbeiterin vor Ort sorgt in den Räumlichkeiten, die über diverse Spielgeräte verfügen, für ein kooperatives Miteinander der Besucherinnen und Besucher im Alter von 8 bis 20 Jahren.

Die Schulsozialarbeit in Oberkochen an der Dreißental-Schule (Gemeinschaftsschule) startete im Jahr 2009. Die Schulsozialarbeiterin steht Schülern

---

[1] Bezeichnung der Dienstorte in der Caritasregion Ost-Württemberg, an denen die Caritas Angebote für Familien anbietet: c = Caritas ● = Treffpunkt.

und Schülerinnen, Lehrern und Lehrerinnen sowie Eltern als kompetente Ansprechpartnerin im Schulalltag zur Seite.

1 Steuerungsgruppe und Projektgruppen

Zu Beginn des Projekts wurde 2013 aus den verschiedenen Einrichtungen eine fünfköpfige Steuerungsgruppe gebildet. Diese setzte sich aus den direkten Mitarbeitern der jeweiligen Einheit, einer Studierenden und der Fachleitung der Caritasregion zusammen. Die Steuerungsgruppe traf sich im November 2013, um die Vorgehensweise zur Bildung und Zusammensetzung der einzelnen Projektgruppen vor Ort abzustimmen. Beim ersten Treffen wurde zudem eine strukturelle Risikoanalyse im Jugendtreff Oberkochen mit dem Ziel durchgeführt, diese an den anderen Standorten zu wiederholen und erste entstandene Ergebnisse aufzugreifen.

Im Dezember 2013 und im Januar 2014 wurde jeweils eine Projektgruppe vor Ort gebildet. Hierbei wurde darauf geachtet, dass geschlechts- und altersgemischte Gruppen von Kindern und Jugendlichen entstanden. Neben den hauptamtlichen Mitarbeitern und Mitarbeiterinnen wurde zudem auf die Beteiligung von Ehrenamtlichen bzw. einer Lehrkraft aus der Schulsozialarbeit Wert gelegt. Die Projektgruppen im Jugendtreff Oberkochen und im Jugendcafé Gerstetten setzten sich aus ein bis zwei hauptamtlichen Kräften, ein bis zwei Ehrenamtlichen und durchschnittlich acht Jugendlichen mit einen Durchschnittsalter von 15 Jahren zusammen. In der Schulsozialarbeit bestand die Gruppe aus 15 Schülern und Schülerinnen im Alter von 9 bis 10 Jahren, einer Lehrkraft und der Schulsozialarbeiterin.

2 Zielsetzung der Projektarbeit

Vereinbartes Ziel aller beteiligten Einrichtungen war primär die Umsetzung des Ampelmodells und des Ampelplakats[2]. Für die Verantwortlichen war durch die Teilnahme am Projekt außerdem sehr wichtig, einen Schritt zur Enttabuisierung des Themas Missbrauch zu unternehmen und Kinder und Jugendliche an diesem Prozess zu beteiligen. Es wurde des Weiteren beschlossen, die Themen „Umgang mit persönlichen Grenzen" und „gutes Miteinander im Alltag der Einrichtungen" zu den Projektzielen hinzuzufügen.

---

2 s. dazu den Artikel von Liebhardt/Fegert/Schloz in diesem Buch.

3 Arbeitsschritte für die Entwicklung eines Ampelplakats

Im ersten Schritt planten die Projektgruppen das Vorgehen für ihre Einrichtung und informierten ihre Kinder und Jugendlichen. Interessierte Kinder und Jugendliche wurden persönlich zur Projektgruppe eingeladen. Schon zu Beginn des Projekts wurde deutlich, dass an allen teilnehmenden Standorten die Intention des Projekts positiv aufgenommen wurden und sich schnell Teilnehmende für die Projektgruppen fanden.

Die Treffen der Projektgruppen fanden zwei bis vier Mal statt. Die Sitzungen dauerten zwischen 1,5 und 2 Stunden. Oft gab es danach noch Gespräche im offenen Betrieb. Die Nacharbeit für die Dokumentation der Ergebnisse lag bei durchschnittlich einer Stunde pro Sitzung. Folgende Themen wurden in den einzelnen Sitzungen bearbeitet:

1. Bei den ersten Treffen (Januar 2014) wurden die Teilnehmenden an das Thema herangeführt. Wichtig war hierfür die Wahl einer verständlichen Sprache, angenehme Atmosphäre und ein klares methodisches Vorgehen (Flipchart, Abfrage, Diskussionsrunde und Raum für persönliche Erfahrungen). Als Ausgangspunkt wurden persönliche Grenzen und der Umgang miteinander gesetzt. Als Ziel wurde die Erstellung eines Ampelplakats vorgestellt. Mit Beteiligung der Kinder und Jugendlichen wurden relevante Punkte erarbeitet und die Ampelfarben benannt. Je nach Alter und Geschlecht kamen unterschiedliche Inputs auf, die gemeinsam sortiert und aufgegriffen wurden. Das Thema Missbrauch kam dabei „von selbst" auf.
2. Die Projektgruppen erarbeiteten schon vorab einige Inhalte zu den Ampelfarben (s. Abb. 1 und 3). Dies wurde festgehalten und floss im späteren Verlauf in die Ergebnisse mit ein.
3. Bei den weiteren Treffen gab es eine gemeinsame Verständigung darüber, was unter verschiedenen Begriffen wie z.B. Missbrauch, Vertrauensbruch, Beleidigung zu verstehen ist, was zu einer Sensibilisierung der Teilnehmenden für die Thematik führte.
4. Im Jugendtreff Oberkochen und in der Schulsozialarbeit Oberkochen wurden Fragebögen zum Ampelmodell entwickelt. In Plakatgröße auf Stellwänden platziert, konnte jede/r Besucher/in zu jeder Ampelfarbe seinen Beitrag leisten (s. Abb. 2). Insgesamt haben ca. 35 Jugendliche des Jugendtreffs Oberkochen an der Umfrage teilgenommen. Die Teilnehmenden der Arbeitsgruppen wurden zu Multiplikatorinn/en. Sie motivierten andere Besucher/innen der Jugendtreffs zur Teilnahme und informierten über das Projekt und dessen Hintergründe.

Abbildung 1: Ampelprozess mit Jugendlichen im Jugendtreff Oberkochen

Abbildung 2: Umfrage-Box des Jugendcafés Gerstetten

Die Umfragedauer variierte an den Standorten zwischen drei und fünf Wochen.

WIR BRAUCHEN DEINE MEINUNG

Wann ist für DICH Schluss mit Lustig?

Wir brauchen DEINE Erfahrung und Einschätzung!

Wo liegen DEINE Grenzen im Umgang mit Anderen?

Bei Gleichaltrigen oder vor allem bei Kontakten mit Erwachsenen
(z.B. deine Lehrer, deine Ausbilder oder Kollegen, deine Betreuer
(hier im JuCA))

 Was geht für dich gar nicht **(NO GO!)** ?

 Was ist (noch) okay **(PASST SCHON!)** ?

 oder was ist vollkommen

in Ordnung **(ALLES KLAR!)** ?

Wir möchten Positives und Negatives auf einem Plakat darstellen
und brauchen DICH dazu!

**Eure Arbeitsgruppe
"Grenzensetzer"**

 JugendCafé Gerstetten

Am 2. Feb. um 21:09

An dieser Stelle nochmal ein DANKE an die Teilnehmer der AG...es war toll und ein guter Start ins Projekt :-) (Loben ist ja GRÜN ;-))

@ all...demnächst ist dann eure Meinung gefragt!

5. Weitere Treffen dienten dazu, Ergebnisse gemeinsam zu sortieren und auszuwerten. Zudem fand eine Abfrage zum Beschwerdeweg statt, deren Ergebnisse in der Steuerungsgruppe aufgegriffen und besprochen wurden.

6. Bei den (vorab) letzten Treffen der Projektgruppen wurde endgültig abgestimmt, welche Ergebnisse für das Plakat verwendet werden und für den etwaigen Druck der Ampel in Frage kommen. So wurden zum Projekt zu Beginn und während des Projektverlaufs auf dem Facebook-Profil des Jugendcafés Gerstetten Hinweise gepostet (s. Abb. 4).

Ein Austausch über die Zwischenstände konnte über die Steuerungsgruppe stets stattfinden, ebenso kollegiale Beratung im Falle auftretender Schwierigkeiten.

4 Reflexion zu Beschwerdeverfahren

Ziel der Reflexion war es, die vorhandenen Beschwerdemöglichkeiten zu prüfen und notwendige weitere Formen zu entwickeln. In den Einrichtungen sind zum Teil für den Alltag schon Möglichkeiten installiert, wie Beschwerden stattfinden können (Kummerkasten etc.). Generell konnte ein offenes Klima in Bezug auf die Beschwerdekultur festgestellt werden. So wurde in der Steuerungsgruppe zuerst differenziert zwischen „Problemen" untereinander, einem Problem mit dem Hauptamtlichen vor Ort und einem Missbrauchsfall. Als Ergebnis ist festzuhalten, dass für die Einrichtungen eine Vertrauensperson als übergeordneten Ansprechpartner/in (z.B. ein Berater/in) bei Problemen mit Mitarbeitenden die geeignetste Form für die Jugendlichen sei. Die Jugendhilfe der Region strebt deshalb an, eine solche einrichtungsübergreifende Stelle zu schaffen. Für die Meldung von Missbrauchsfällen durch Mitarbeitende wurde von den Jugendlichen die vom Caritasverband der Diözese Rottenburg-Stuttgart installierte webbasierte Meldeform und Hotline[3] präferiert und beschlossen. Auch eine Peer-Lösung wurde besprochen, angelehnt an das „Streitschlichtermodell" aus Schulen, welches aber in der Umsetzung als schwierig realisierbar bewertet wurde, da in der offenen Jugendarbeit wechselndes Klientel betreut wird.

---

3 Eine Meldung ist möglich über www.caritas-gegen-missbrauch.de bzw. 0800-4300400.

5 Recherche nach Informationsmaterial

Parallel zur Risikoanalyse und den startenden Projektgruppen wurde an allen Standorten nach verständlichem Informationsmaterial gesucht. Die Internetrecherche nach geeignetem Material lieferte qualitativ hochwertiges Material. Wichtig war für die Beteiligten stets, dass Informationsmaterial die Kinder und Jugendlichen sprachlich nicht überfordert. Für das Zusammenstellen des Materials fanden keine extra Treffen statt. Die Steuerungsgruppe tauschte sich auch hierbei aus und die Projektgruppen suchten Benötigtes für ihren Prozess.

6 Fazit

Die Projektteilnahme wurde in allen Einrichtungen positiv von den Jugendlichen und Mitarbeitenden aufgenommen. Alle waren motiviert und wollten die Ampel umsetzen – somit war ein guter Projektverlauf möglich. Die eigene Auseinandersetzung mit dem Thema und die Reflexion anhand der Risikoanalyse waren sehr hilfreich. Vor Ort sind oftmals „Einzelkämpfer" tätig, bei denen eventuelle örtliche und personelle Risiken bis dahin wenig bewußt waren. Schon allein dieses „Bewusstmachen" kann als Ziel und Ergebnis gewertet werden. Eventuellen Veränderungen ist somit der Weg geebnet.

Probleme in der Umsetzung gab es kaum. Der zeitliche Aufwand konnte sich durch die Beteiligung der Jugendlichen minimieren. Durch die Partizipation der Jugendlichen konnte zudem Motivation geschaffen werden. Die Teilnahme als freiwilliges Angebot war förderlich – es musste niemand mitmachen, der nicht wollte.

Abschließend kann man sagen, dass durch die Teilnahme und die Ampel der Umgang untereinander verbessert wurde. Die Jugendlichen achten mehr auf Warnzeichen, sie sind sensibilisiert für das Thema, welches im Rahmen des Projektes enttabuisiert wurde. Natürlich ist eine Weiterführung möglich und die Ergebnisse sollten jährlich überarbeitet werden. Außerdem kamen verschiedenste Themen wie z.B. (Cyber)-Mobbing auf, welche separat zur Bearbeitung angedacht sind. Die Reaktionen im gesellschaftlichen Umfeld der Einrichtungen bezüglich des Projekts waren sehr positiv.

Für die Mitarbeitenden gilt: Keine Angst haben vor „schwierigen" Themen! Ja, wir schauen auch bei uns genau hin!

Grenzen achten vor unterschiedlichem kulturellen Hintergrund

Jugendmigrationsdienste von IN VIA

Hildegard Eckert, Ulrike Mucke, Anja Schmid,
Kornelia Zorembski

Jugendmigrationsdienste (JMD) fördern die schulische, berufliche und soziale Integration sowie die Chancengleichheit und die Partizipation junger Migrantinnen und Migranten in allen Bereichen des sozialen, kulturellen und politischen Lebens. Drei dieser Dienste in Heilbronn, Stuttgart und Ulm nahmen an dem Projekt „Entwicklung eines caritasspezifischen Kinderschutzkonzepts" teil. Ihr Träger ist IN VIA Katholischer Verband für Mädchen- und Frauensozialarbeit Diözese Rottenburg-Stuttgart e.V.

1   Ziele und Herausforderungen

Die Jugendmigrationsdienste strebten im Rahmen des Projektes verschiedene Ziele an:

- die Mitarbeitenden für das Thema Kinderschutz zu sensibilisieren
- mit einer Risikoanalyse potentiell gefährdende Situationen hinsichtlich sexueller Gewalt, übergriffigem und grenzverletzendem Verhalten zu identifizieren
- ein Ampelsystem zu entwickeln[1], um das Gefährdungspotential einer Situation einzuschätzen
- diese Ampel gemeinsam mit Ehrenamtlichen und Jugendlichen zu erarbeiten.

---

1   S. dazu den Artikel von Liebhardt/Fegert/Schloz in diesem Buch.

Die Ergebnisse aus der Risikoanalyse und der Entwicklung der Ampel sollten in Informationsmaterialien und Schulungen für Ehrenamtliche einfließen sowie Grundlage für die Gespräche mit ehrenamtlich Engagierten und Interessierten sein.

Besonders berücksichtigt werden mussten die eingeschränkten Sprachkenntnisse der Jugendlichen. Diese erschwerten es ihnen, über Sexualität und Gewalt zu sprechen und an dem Projekt mitzuwirken. Es stellte sich zudem die Frage, in welchen Kulturen auf welche Weise, wenn überhaupt, über diese Themen gesprochen wird. Von den Mitarbeitenden erfordert dies ein hohes Maß an interkultureller Kompetenz, um mit diesem schwierigen Thema sensibel umzugehen.

2 Projektgruppen und -verlauf

Die zentrale Projektgruppe bestand aus drei Mitarbeitenden und der Regionalleiterin des JMD, die das gesamte Vorgehen planten und koordinierten. Diese entschieden sich, aufgrund der personellen und finanziellen Ressourcen, für die Entwicklung der Ampel und von Informationsmaterial. Die Grundlagen für die Ampel wurden in Gesprächsrunden von weiteren lokalen Projektgruppen entwickelt. Diese fanden in Ulm und Heilbronn mit Ehrenamtlichen, in Stuttgart mit Jugendlichen statt. Geleitet wurden sie von Mitarbeitenden. Die Ehrenamtlichen und die Jugendlichen wurden für das Projekt über persönliche Motivationsgespräche gewonnen. Ein Teil der Ehrenamtlichen war zusätzlich schriftlich eingeladen worden.

An jedem Standort wurde ein rund zweistündiges Treffen durchgeführt. Die Vorbereitungen in Stuttgart waren umfangreicher als in Ulm und Heilbronn, da im Vorfeld Einzelgespräche mit acht Jugendlichen geführt wurden. Von denen ließen sich letztlich drei für das Projekt begeistern. Unterschiedliche Sprachkenntnisse und verschiedene kulturelle Hintergründe prägten auch diese Gespräche.

Aus den Ergebnissen erarbeitete die zentrale Projektgruppe ein Schaubild für die Jugendlichen und Ehrenamtlichen, als Plakat zum Aushang, sowie eine Orientierungshilfe mit Erläuterungen für die Kolleginnen in den Jugendmigrationsdiensten (s. Abb. 1, S. 86f.).

Abbildung 1: Orientierungshilfe für Mitarbeitende

Jugendmigrationsdienst Stuttgart

Orientierungsleitfaden für Mitarbeitende im Bereich Offene Angebote der Jugendmigrationsdienste für das Erstgespräch mit Ehrenamtlichen und Honorarkräften zur Umsetzung des Kinderschutzkonzeptes bei IN VIA Katholischer Verband für Mädchen- und Frauenarbeit Diözese Rottenburg-Stuttgart e.

Das Leitbild von INVIA enthält wesentliche Aspekte des Kinderschutzes: „IN VIA widmet sich der Unterstützung, Beratung und Begleitung von Menschen unterwegs. Bildung, Beratung, Begleitung, Förderung und der Schutz von jungen Menschen, insbesondere von Mädchen und jungen Frauen, gehören zu den elementaren Aufgaben. IN VIA hat das Ziel, Kinder und Jugendliche auf dem Weg in die Selbständigkeit zu unterstützen..." So wurde ferner vereinbart:

• Wir handeln im Geist des Evangeliums und vermitteln in unserer Arbeit christliche und ethische Werte.

• Wir achten die Würde eines jeden/ einer jeden und begegnen einander wertschätzend.

• Wir setzen uns mit den Bedürfnissen unserer Zielgruppen auseinander. Diese sind Orientierungspunkte unseres Handelns.

• Transparenz leitet unser Handeln im Umgang miteinander.

Wir unterstützen, beraten und begleiten im Jugendmigrationsdienst junge Menschen mit Migrationshintergrund. Hier erfahren junge Menschen ganzheitliche Förderung. Wir stehen ein für die schulische, berufliche und soziale Integration sowie die Chancengleichheit und die Partizipation junger MigrantInnen in allen Bereichen des sozialen, kulturellen und politischen Lebens.

Wir bei INVIA begegnen den jungen Menschen mit Offenheit und Toleranz. Wir sind dem Kindeswohl verpflichtet. Aus diesem Selbstverständnis leitet sich unser pädagogisches Handeln ab, unsere Grundhaltung und wie wir miteinander umgehen wollen.

Auf Grund unterschiedlicher räumlicher, personeller und inhaltlicher Schwerpunktsetzungen vor Ort ist die Ausgestaltung der Schutzmaßnahmen im Team vor Ort zu regeln. Geregelt sind:

Ansprechpartner/in: ....

Ort des ehrenamtlichen Engagements: ....

weitere Absprachen: ....

....

....

Wofür stehen wir, was macht eine gute Atmosphäre aus?

- Achtsamkeit

- Vertrauen

- Angstfreier und wertschätzender Umgang

- Gegenseitiges Verständnis und Respekt

- Hilfsbereitschaft

- Kultursensibles Handeln

- Wohlwollendes, positives Menschenbild

Was leitet unser Handeln, was macht ein gutes Miteinander aus?

- Zufriedene Klienten und Ehrenamtliche

- Offenheit

- Akzeptanz und Toleranz

- Fairness

- Transparenz und klare Regeln

- Authentizität

- Vielfalt

Was wollen wir gemeinsam erreichen?

- Erfolge ermöglichen

- Korrektes, faires Verhalten

- Gut und verständlich erklären

- Empathieverständnis

- Vereinbarungen und Absprachen treffen und einhalten

- Pünktlichkeit und Zuverlässigkeit

- Ansprechen von Konflikten und Problemen, gegebenenfalls unter Einbeziehung von JMD - Mitarbeitenden

- Jugendliche ernst nehmen

- In der Lernstunde sich auf den/die SchülerIn einlassen

- Mitsprache und Mitgestaltung

- Auf den/die SchülerInnen abgestimmte pädagogische Förderangebote

Was dulden wir nicht?

- Körperliche Gewalt

- Unangemessenen körperlichen/sexuellen Kontakt

- Verbale Gewalt, dazu gehören verleumden, auslachen, hänseln des/r Anderen, duzen ohne Absprache (ab 14 Jahre), sexualisierte Sprache
- Verletzung von Datenschutz und Schweigepflicht
- Missbrauch jeglicher Art
- Verletzen des privaten Bereichs, Eingriffe in die Intimsphäre
- Missachtung der Persönlichkeitsrechte und Diskriminierung nach Geschlecht, Rasse, Hautfarbe, Religion, soziale Herkunft

Was tun, wenn ein Verdacht der Verletzung des Kindeswohls entsteht?

1. Jeder Verdacht muss ernst genommen werden.
2. Der Verdacht ist zeitnah mit der zuständigen Ansprechperson/Leitung zu besprechen.
3. Die Dokumentation und der Ablauf des Vorgehens ist durch die Hauptamtliche Mitarbeiterin sicherzustellen: Dokumentationsbögen und das Verfahren sind im Aktenformularplan zu finden.
4. Der unabhängige Missbrauchsbeauftragte des Caritasverbandes ist zeitnah über Vorkommnisse zu informieren, wenn ein/e MitarbeiterIn beschuldigt wird, sexuell übergriffig geworden zu sein (0800-4 300 400).
5. Bei Kindeswohlgefährdung ist das Jugendamt zeitnah als Aufsichtsbehörde hinzuziehen.
6. Für die Betroffenen ist der Schutz sicher zu stellen.
7. Die Arbeitsfähigkeit des Teams muss durch zur Verfügung gestellte Reflexionsmöglichkeiten gewährleistet werden.

....

Ilona Rauschopf   Ulrike Mucke
Vorstand   *Regionalleitung Nord/ Stuttgart*

3   Informationsmaterialien

Es gibt im Bereich der Jugendmigrationsdienste eine Fülle an Unterlagen für hauptberuflich und ehrenamtlich Mitarbeitende, die ausgehändigt oder vorgelegt und unterzeichnet werden müssen (Materialien zum Führungszeugnis, zum Datenschutz oder eine Selbstverpflichtungserklärung). Es fehlten bisher sowohl eine Orientierung in Form einer grundlegenden gemeinsamen Haltung als auch inhaltliche Informationen zu den Themen Gewalt, Grenzen und Grenzwahrung. Auch dafür wurden das Schaubild und die Orientierungshilfe erarbeitet.

4   Räumliche Gegebenheiten

Die Jugendmigrationsdienste sind mit ihren Büro- und Gruppenräumen in großen Häusern mit vielen Einrichtungen und Diensten untergebracht. Eine im Sinne der Gefährdungsreduktion wünschenswerte Kontrolle über Zugänge in diesen Häusern ist so leider nicht möglich. Situationen mit Gefährdungspotential zu reduzieren ist schwierig, da die Sprachförderung oftmals am Abend oder am Wochenende stattfindet, in einigen Fällen auch zu Hause bei Schülern oder bei Ehrenamtlichen.

5   Nächste Schritte

Die Erkenntnisse und Materialien befinden sich nun im Praxistest. Eine Mitarbeiterin des Jugendmigrationsdienstes überprüft die Orientierungshilfe in der Beratung und erprobt, wie sie die Themen mit Jugendlichen, Eltern und Ehrenamtlichen gut ansprechen kann. In Stuttgart wird das Schaubild mit Jugendlichen weiterentwickelt, in Ulm mit Ehrenamtlichen. Die Orientierungshilfe für die hauptberuflichen Mitarbeiterinnen kann dann später ebenfalls an Ehrenamtliche oder Honorarkräfte ausgehändigt werden.

Die Regionalleitung der Jugendmigrationsdienste, der Vorstand von IN VIA und die darüber hinaus am Projekt beteiligten Leitungen des Jugendwohnheims Hildegardisheim und des Kinder- und Familienzentrums Wilde Hilde werden sich dann in einem weiteren Schritt über die Einzelergebnisse austauschen und erarbeiten gegebenenfalls gemeinsame Schritte.

6   Offene Fragen

In einem der Jugendmigrationsdienste gibt es abgelegene Räume im obersten Stock und für Alle stellt sich die Frage, ob Angebote noch zu Hause bei einem Jugendlichen oder einem Ehrenamtlichen stattfinden können. Hier wird überprüft, ob es eine verbindliche Empfehlung für die Nutzung von Räumen geben muss. Ähnliches gilt für Angebote für Minderjährige, die abends und am Wochenende stattfinden. Möglicherweise wird man dafür feste Zeiten vereinbaren müssen.

Um das Schutzkonzept erfolgreich umzusetzen, braucht es entsprechende Angebote und Bedingungen. Es müssen verschiedene Aspekte geklärt werden: Thematisierung in der Beratung, Praxisnutzen des Informationsmaterials, Information der Eltern von Jugendlichen, Kontaktaufnahme zur Beraterin via E-Mail oder Telefon oder das Angebot von Informationsabenden bzw.

Fort- und Weiterbildungen für die Mitarbeitenden. Gegebenenfalls müssen Ergebnisse daraus wieder in die Orientierungshilfe einfließen.

7 Motivation

Motivierend für die Beteiligten waren einerseits der Wunsch nach Qualitätssicherung und andererseits die Professionalität, mit der der Prozess fachlich und personell begleitet wurde. Die Teilnehmenden hatten erkannt, dass ein Schutzkonzept notwendig war und, dass sie dazu beitragen konnten, dieses zu verwirklichen. So entstand eine gute Grundlage, die Themen zu bearbeiten und zu vertiefen. Zusätzlich motivierte das Bewusstsein, dass die Projektergebnisse auch in weiteren Feldern der Jugendsozialarbeit bei IN VIA genutzt werden könnten.

8 Ergebnisse

Es ist durch das Projekt gut gelungen, innerhalb der Jugendmigrationsdienste für sexualisierte Gewalt, übergriffiges und grenzverletzendes Verhalten zu sensibilisieren. Für die Teilnehmenden war besonders ein vertieftes Reflektieren der eigenen Haltung gewinnbringend. Der gemeinsame Prozess mit den Ehrenamtlichen sowie den Schülerinnen und Schülern war trotz der benannten Schwierigkeiten bereichernd und maßgebend für das Projekt. Auch das bestehende IN VIA Leitbild wurde im Projektverlauf (wieder-)entdeckt. Es bietet für das Schutzkonzept einen wichtigen Handlungs- und Orientierungsrahmen hinsichtlich Selbstverständnis, Grundhaltung und Überzeugungen.

Herausfordernd waren die Komplexität des Themas und die Erkenntnis, dass spezifische Kenntnisse und Erfahrungen aber auch persönliche Gespräche und Zeit nötig sind, um gelungen über die Themen zu sprechen. In Bezug auf die Sprachkenntnisse zeigte sich, dass es erst ab dem Sprachniveau B1 aufwärts möglich ist, mit Jugendlichen über Sexualität und Gewalt zu sprechen. Um die oftmals tabubehafteten Themen kultursensibel handzuhaben, muss im Vorfeld Vertrauen aufgebaut werden. Die oftmals kurzen Beratungs- und Begleitungsprozesse bieten hierfür keine geeignete Grundlage.

Die Ergebnisse der Risikoanalyse fließen beispielsweise in Gespräche mit interessierten und neuen Ehrenamtlichen ein. Informationsmaterialien zur konkreten ehrenamtlichen Arbeit werden mit den Ergebnissen und Informationen zum Projekt angereichert. Auch Schulungen für Ehrenamtliche können von den Resultaten profitieren.

9 Erfolgsbedingung

Jugendliche und Ehrenamtliche waren bereit, sich auf den Prozess einzulassen, wenn es bereits im Vorfeld ein gutes Vertrauensverhältnis unter allen Beteiligten gab. Auf dieser Basis konnten sich beiden Gruppen gut in den Prozess integrieren und das Projekt erfolgreich mit umsetzen.

Mitbestimmung als wesentliches Element des Kinderschutzes in stationären Einrichtungen

Sabine Schöning-Müller

Die Kinder- und Jugendhilfe Neuhausen bietet für Kinder, Jugendliche und ihre Familien ein differenziertes Hilfeangebot an: Verschiedene Formen betreuten Wohnens für junge Menschen unterschiedlicher Altersstufen und in verschiedenen Lebenssituationen, eine intensive sozialpädagogische Einzelbetreuung und drei Erziehungshilfestellen in Kooperation mit dem Sozialen Dienst. Dies alles ermöglicht eine individuelle und bedarfsgerechte Unterstützung. Zusätzlich wird die Inobhutnahme unbegleiteter, minderjähriger Flüchtlinge verantwortet. Träger dieser Einrichtung ist der Sozialdienst katholischer Frauen e.V. der Diözese Rottenburg-Stuttgart.

1 Motivation und Herausforderung

Die Mitarbeitenden möchten eine Lebens- und Arbeitsatmosphäre schaffen, die von Vertrauen und Sicherheit für alle geprägt ist. Sich im Projekt „Entwicklung eines caritasspezifischen Kinderschutzkonzeptes" mit dem Schutz von Kindern und Jugendlichen in der eigenen Einrichtung auseinanderzusetzen, hinterfragt die eigene Haltung und macht Entwicklungsbedarf sichtbar. Auch war und ist Kinderschutz nur möglich, wenn Kinder und Jugendliche an dem Projekt beteiligt werden. Diese Aspekte fordern die Einrichtung und die Mitarbeitenden in Selbstverständnis und Zusammenarbeit heraus, sind für das gemeinsame Leben und Arbeiten aber bereichernd und von besonderem Wert.

2 Projektverlauf und Beteiligte

Am Projekt beteiligte sich das 2013 gegründete Jugendforum neben der acht-köpfigen Projektgruppe, bestehend aus dem Einrichtungsleiter, vier Be-reichsleitungen, der Hauswirtschaftsleitung und zwei Mitarbeitenden aus den Wohngruppen. Zum Jugendforum gehört je ein zweiköpfiges Sprecher-team der einzelnen Wohneinheiten, die von ihren MitbewohnerInnen ge-wählt werden. Das Jugendforum tagt alle sechs Wochen und behandelt die Anliegen einzelner Gruppen, entwickelt Ideen – unter anderem zur Freizeit-gestaltung – und setzt Veränderungen im Gruppenalltag um.

In einem Workshop mit fachlicher Unterstützung seitens der Universität Ulm beschäftigte sich die Projektgruppe mit den Beteiligten, den Kommuni-kations- und Partizipationswegen sowie der Ampel zur Gefährdungsein-schätzung.[1] Die Mitarbeitenden wurden in einer gemeinsamen Sitzung und über die Bereichsleitungen in den Teams in das Projekt eingebunden. An der Risikoanalyse für den stationären Bereich sollten die betreuten Kinder und Jugendlichen mitwirken. Als Vorlage definierte die Projektgruppe die Am-pelfarben und für alle einheitliche Unterüberschriften. Die Teams der Wohn-gruppen konnten mit diesen Materialien an Gruppenabenden die Idee der Ampel einführen. Die einzelnen Gruppen erstellten einen eigenen Entwurf, der im Jugendforum präsentiert und diskutiert wurde. Für einen Teil der Minderjährigen mit der Jugendhilfe-Maßnahme zur Inobhutnahme war dies nicht umsetzbar, weil diese nur kurz in der Einrichtung verbleiben.

Personen, die außerhalb des Lebensmittelpunktes der Kinder und Ju-gendlichen regel- oder unregelmäßigen Kontakt zu diesen hatten (Eltern, an-dere Familienmitglieder, aber auch Ehrenamtliche und sonstige Mitarbei-tende) wurden über das Projekt informiert, aber nicht inhaltlich daran beteiligt.

3 Kontroverse um die Ampel

Nicht alle Ampelentwürfe wurden bis zum geplanten Termin im Jugendfo-rum fertig. Während vier Teams Entwürfe erstellt hatten, benötigte ein Team noch mehr Zeit; ein weiteres Team hatte nichts erstellt. Die Ergebnisse spie-gelten, wie die Mitarbeitenden zur Idee der Ampel standen. Die Mehrzahl der Teams sahen sie als Gelegenheit, mit den Jugendlichen über Gefähr-dungssituationen ins Gespräch zu kommen. Die Haltung der Mitarbeitenden

---

1 S. dazu den Artikel von Liebhardt/Fegert/Schloz in diesem Buch.

der anderen beiden Teams war ablehnend. Sie begründeten die Ablehnung damit, dass die Kinder und Jugendlichen kein Interesse daran hätten, eine Ampel zu erstellen. Aber auch sie als Team fänden es unnötig. Es gäbe in ihren Gruppen bereits Regeln, die von allen befolgt würden, und es sei nicht notwendig, etwas zu ändern oder zu ergänzen.

Die Projektverantwortlichen suchten hier den Austausch mit den Mitarbeitenden. Dabei war es wichtig, herauszuarbeiten, dass die Ampel kein Modell für allgemeine Gruppen- oder Hausregeln ist, sondern gemeinsam mit Mitarbeitenden und zu Betreuenden Umgangsregeln definieren soll, die für alle Beteiligten gelten. Als Teillösung konnte erreicht werden, dass die Ampeln mit den Kindern und Jugendlichen erstellt wurden. In dieser Phase war es hilfreich, mit den Mitarbeitenden im Kontakt zu bleiben und beharrlich zu sein. Die Teams mussten gut informiert werden, was mit welcher Motivation, welchen Zielen geschehen sollte und welchen langfristigen Nutzen sie davon hätten.

4   Ampel im Jugendforum

Die GruppensprecherInnen brachten die erstellten Ampeln ins Jugendforum ein. Dort wurden die Entwürfe verglichen. Neben dem roten „Geht gar nicht"-Bereich, der von den Gruppen weitestgehend einheitlich benannt worden war, zeigten sich Unterschiede bei den anderen Farben. Daraus entstand die Idee, die Ampeln variabel zu gestalten, bspw. Magnettafeln zu verwenden, damit neue Ideen und Veränderungen eingearbeitet werden könnten. Jede Wohngruppe sollte ein eigenes Modell erstellen, das ihren jeweiligen Eigenheiten entsprach. Die Gruppen sollten sich darüber hinaus überlegen, wie ihre Ampel gestalterisch aussehen könnte (s. Abb. 1, S. 95). Es wurde auch angeregt, ausschließlich den einheitlichen roten Bereich als Plakat für die gesamte Einrichtung zu erstellen.

5   Erfahrungen aus dem Jugendforum

Die GruppensprecherInnen arbeiteten im Jugendforum engagiert mit. Sie trugen die Idee weiter in ihre Gruppen und motivierten die anderen Kinder und Jugendlichen zur Mitarbeit. Diese nahmen die Impulse der SprecherInnen rasch auf, da sie wahrnahmen, dass sie durch die Ampel mehr Mitspracherechte erlangen konnten. Zudem führte der gemeinsame Austausch in den Gruppen zu mehr gegenseitigem Verständnis und Respekt für die Positionen und Anliegen der Betreuten und der Betreuenden.

BETREUER-AMPEL

- Schlagen/treten
- anspucken
- Eigentum beschädigen
- Beleidigen
- Stehlen
- Sexuelle Übergriffe
- Alkohol-, Drogenkonsum

- Ohne anzuklopfen eintreten
- Anlügen
- Stimmung gegen einen Betreuer machen
- Betreuer anschreien
- Türen knallen
- Einfach die Gruppe verlassen
- Einhalten der Gruppenregeln
- Umgangston

- fragen, was wir privat machen / gemacht haben
- kritisieren
- Handlungen hinterfragen
- Regeln hinterfragen
- die Bitte äußern, erstmal in Ruhe gelassen zu werden
- schlechte Laune haben
- Respektvoller Umgang miteinander

6   Beschwerdeverfahren

Wünschenswert ist, dass die Kinder, Jugendliche und Eltern sich mit Beschwerden zuerst an ihre Bezugsbetreuenden wenden können. Aber für die Fälle, in denen dies nicht möglich ist, benötigt die Einrichtung die Vertrauenspersonen. Ergänzend dazu existiert außerhalb der Einrichtung die Hotline bei der Caritas für den Fall von Missbrauch durch Mitarbeitende, die zusammen mit wichtigen AnsprechpartnerInnen inklusive Kontaktdaten in allen Gruppen veröffentlicht werden soll.

Das Beschwerdeverfahren sollte mehrere Ansprüche erfüllen:

- Die Kinder, Jugendlichen und Familien sollten wissen, wo und wann sie sich beschweren können.
- Die Person sollte vertraut, aber nicht in den Gruppenalltag integriert sein.
- Es sollte eine neutrale Person, d.h. ohne Alltagsbetreuungsaufgaben, sein, bei der man sich ohne Befürchtungen beschweren kann.
- Es sollte eine offene Haltung für Beschwerden entwickelt werden und der Schutz für Kinder und Jugendliche im Mittelpunkt stehen.

In der Kinder- und Jugendhilfe Neuhausen gibt es für alle Beschwerdefälle bereits eine weibliche Ansprechperson, die in der Einrichtung bekannt, aber nicht in die Gruppenarbeit eingebunden ist. Sie nimmt an den Treffen des Jugendforums teil, ist aber nicht von den Kindern und Jugendlichen gewählt sondern von der Einrichtungsleitung benannt worden. Ergänzend soll es zukünftig eine gewählte männliche Vertrauensperson geben. Kontakte zu der Vertrauensperson sind zu Sprechzeiten, über einen Kummerkasten und per E-Mail möglich. Auch das Jugendforum wurde zum Teil als Beschwerdegelegenheit genutzt.

7   Informationsmaterialien

Mit Vertretern aller Teams wurde ein Ordner zum internen Ablauf zum Kinderschutz erstellt. Die darin formulierten Vorgehensweisen geben den Mitarbeitenden mehr Handlungssicherheit. Zudem wurde von der bisherigen Vertrauensperson und der Einrichtungsleitung ein Flyer für das Beschwerdeverfahren erarbeitet.

Bis Ende 2015 soll zusätzliches Informationsmaterial entstehen, welches Kinder, Jugendliche und ihre Eltern zum Schutzkonzept informiert und mehr Sicherheit schafft. Dazu soll vorhandenes Material gesichtet und überarbeitet werden.

8 Strukturqualität

Mitarbeitende im stationären Bereich sind aufgrund der Rahmenbedingungen und steigender Anforderungen häufig allein im Dienst. Doppeldienste wären im Sinne des Kinderschutzes aber notwendig, um die Möglichkeit des Auftretens von Gefährdungssituationen zu vermeiden.

Die Arbeit der Mitarbeitenden ist geprägt von viel Verantwortung, emotionaler Belastung und schichtbedingt wechselnden Arbeitszeiten. Sie wird diesen Faktoren entsprechend nicht angemessen vergütet. In den Teams kommt es aus diesen Gründen zu häufigen Personalwechseln, was die Stabilität in den Wohngruppen beeinträchtigt. Mit neuen Mitarbeitenden werden Projekte erneut hinterfragt, was den Prozess einerseits lebendig hält, aber Kontinuität verhindert.

9 Erfolgsbedingungen bei den Mitarbeitenden

Ein gutes Gelingen von Maßnahmen eines Schutzkonzeptes setzt voraus, dass die Mitarbeitenden frühzeitig informiert, ihre Ideen aufgenommen und sie intensiv an der Planung und den Maßnahmen beteiligt werden. Dazu gehört auch, sich mit Bedenken hinsichtlich des zusätzlichen Arbeitsaufkommens und der Nachhaltigkeit eines solchen Projektes auseinanderzusetzen. Nur dann kann Kinderschutz als dauerhaft tragfähige, gemeinsame Haltung noch stärker verankert werden.

10 Partizipation als Element und Herausforderung

Das regelmäßige Jugendforum ist ein wesentliches Element des Kinderschutzes in der Kinder- und Jugendhilfe Neuhausen. Die Kinder und Jugendlichen lernen, sich zu beteiligen und gewinnen diesbezüglich Sicherheit. Das macht es für sie leichter, Beschwerden zu formulieren und diese anderen Personen anzuvertrauen. Als positiver Nebeneffekt zeigt sich, dass in diesem Klima des Austausches formale Beschwerden oft nicht mehr nötig sind, da Schwierigkeiten frühzeitig thematisiert und zeitnah aufgelöst werden können.

Für einige Mitarbeitende ist der partizipative Ansatz herausfordernd. Sie haben in mitunter bis zu 20 Berufsjahren in einer Einrichtung eigene Rituale und Regeln entwickelt, die nun in Frage gestellt werden. Manche Methoden und Haltungen müssen überdacht und verändert werden. Dieses Vorgehen kann in mancher Hinsicht verunsichern, da es Kindern und Jugendlichen ein Mitspracherecht auf Augenhöhe einräumt.

11 Resümee

Sich mit Kindern, Jugendlichen und Mitarbeitenden auf den Weg zu einem gemeinsamen Kinderschutzkonzept zu machen, war und ist ein wertvoller Entwicklungsprozess. Viele Kinder und Jugendliche in unseren Gruppen erfahren erstmals in der Einrichtung, dass sie wahrgenommen und gehört werden. Die Mitarbeitenden erreichen die gemeinsamen Ziele in unterschiedlichen Geschwindigkeiten. Während es manchen Teams leichtfällt, Kindern und Jugendlichen auf Augenhöhe gegenüber zu treten, haben einige Teams große Vorbehalte und Angst, „Macht" abzugeben. Hier wurde deutlich, dass ein verbesserter Kinderschutz auch einen veränderten Erziehungsstil erfordert. Der Kinder- und Jugendhilfe Neuhausen ist es wichtig, Kinder, Jugendliche und Mitarbeitende dabei zu begleiten, sich auf einer neuen Ebene zu begegnen und aufzuzeigen, welche positiven Entwicklungen hier möglich sind.

Respect Two-Way

Gegenseitiger Schutz vor grenzverletzendem Verhalten in einem Mädchenwohnheim

Dikea Kypriotou

Seit Oktober 2013 ist das Hildegardisheim eine von sieben Einrichtungen, die an dem Projekt des Caritasverbandes zur „Entwicklung eines caritasspezifischen Kinderschutzkonzepts"[1] teilnehmen. Der Träger des Hildegardisheims ist "IN VIA, katholischer Verband für Mädchen- und Frauensozialarbeit der Diözese Rottenburg-Stuttgart e.V.". Das IN VIA Hildegardisheim ist ein Jugendwohnheim für Mädchen und junge Frauen zwischen 16 und 27 Jahren, die eine schulische oder betriebliche Ausbildung absolvieren oder aufgrund einer beruflichen Qualifizierungsmaßnahme oder eines Praktikums in Stuttgart wohnen. Es stehen insgesamt 110 Wohnplätze in fünf Stockwerken zur Verfügung. Die Belegschaft des Hildegardisheims besteht aus der Heimleitung, zwei pädagogischen Mitarbeitenden (jeweils 50%), einer Hausmeisterstelle (mit Hilfskraft und einer Kraft im Freiwilligen Sozialen Jahr) sowie drei Empfangskräften. Zudem sind dem Hildegardisheim in den Bereichen Hauswirtschaft weitere Mitarbeitende mit einem Stellenumfang von ca. 3,5 Stellen zugeordnet. Wohnraum auf Zeit ist für die jungen Frauen eine Möglichkeit, eine eigenständige Wohn- und Lebenserfahrung außerhalb des Elternhauses in einem geschützten Rahmen zu machen. Das Jugendwohnheim ist Lernort und sozialer Lebens- und Bildungsraum zugleich. Dabei erleben die jungen Frauen gezielt gewaltfreies Miteinander und Formen demokratischer Mitverantwortung. Jede hat ein Recht auf Schutz in Institutionen. Partizipation und Prävention sind uns daher ein wichtiges Anliegen. Partizipation mobilisiert die eigenen Stärken, Ideen einzubringen, aktiv mitzuwirken und sich kritisch mit verschiedenen Bedürfnissen auseinanderzusetzen.

Die Interessen der jungen Frauen wollen wir ernst nehmen und sie auf diesem Weg (der Beteiligung) unterstützen. Mitentscheiden zu dürfen, in ih-

---

1 Zielgruppe im Hildegardisheim sind ausschließlich jugendliche und heranwachsende Mädchen, sodass eher von einem Jugendschutzkonzept gesprochen werden kann.

rem Lebensumfeld und in der Hausgemeinschaft, wirkt sich positiv auf ihr Leben aus. Partizipation sehen wir nicht als Bedrohung, sondern auch als Chance sich zu eigenständigen und selbstbewussten Persönlichkeiten zu entwickeln.

1 Projektgruppe

Die Projektgruppe besteht aus insgesamt acht Personen, die sich aus Mitarbeiterinnen und Mitarbeitern der Einrichtung aus den Bereichen Empfang, Hauswirtschaft, Hausmeisterei, Bewohnerinnen und pädagogischen Mitarbeiterinnen zusammensetzt. Insgesamt fanden fünf Arbeitstreffen statt, auf denen über das Projekt und seine einzelnen Bausteine, wie Ampelanalyse[2] oder Erstellung eines Fragebogens, informiert und das weitere Vorgehen geplant wurde. Der Projektname „Respect Two-Way" wurde von Bewohnerinnen und Mitarbeitenden der Einrichtung im Rahmen einer Sitzung kreiert und bedeutet „gegenseitiger Respekt".

2 Arbeitsschritte und Termine

Der Prozess der Risikoanalyse erfolgte während des Zeitraums November 2013 bis Februar 2014 mit einem Zeitumfang von insgesamt 6,5 Stunden und 6 Stunden Vor- und Nachbereitungszeit in folgenden Schritten:

- 12. November 2013: Vorstellung des Projekts im Hausteam3
- 19. November 2013: Information und Vorstellen des Projekts gegenüber fünf Stockwerksprecherinnen
- 24. November 2013: Verteilen der Informationsbriefe an Mitarbeitende und Bewohnerinnen unter Hinzufügung von drei „Ampelstreifen" (grün, gelb, rot).
- Zahlreiche Tür- und Angelgespräche mit Bewohnerinnen und Mitarbeitenden
- Einsammeln der Ergebnisse bis zum 4. Dezember 2013
- 28. Januar 2014: Risikoanalyse I (externer Gast: Carolin Schloz, Universität Ulm)

---

2 s. dazu den Artikel von Liebhardt/Fegert/Schloz in diesem Buch.
3 Das Hausteam umfasst alle hauptamtlich beschäftigten Mitarbeiterinnen und Mitarbeiter im Hildegardisheim.

- 13. Februar 2014: Risikoanalyse II (externer Gast: Dr. Hubert Liebhardt, Universität Ulm)

Der Prozess der Entwicklung eines Beschwerdeverfahrens (inklusive Feedback-Fragebogen) dauerte insgesamt von November 2013 bis Mai 2014. Hierfür traf sich das Hausteam zweimal je zwei Stunden. Zwei Vertreterinnen, bestehend aus einer Mitarbeiterin des Jugendwohnheims und einer Mitarbeiterin der Hauswirtschaft, trafen sich dreimal jeweils eineinhalb bis zwei Stunden. Die Vor- und Nachbereitungszeit betrug acht Stunden; dies beinhaltete Telefonate, schreiben von E-Mails, Erstellen der Fragebögen sowie Dokumentation.

In Bezug auf die Entwicklung von Informationsmaterial beschäftigten sich vier Mitarbeiterinnen und Bewohnerinnen im Umfang von acht Stunden (plus E-Mail Austausch) mit der Gestaltung von Plakat und Logo. Die Arbeiten sind noch nicht abgeschlossen, denn das Zeitfenster ist für März 2014 bis Dezember 2014 angesetzt.

Zusätzlich fielen im Zeitraum März bis Juli 2014 weitere 25–30 Stunden für verschiedene Gespräche zwischen den Mitarbeitenden sowie mit der Leitung und den Bewohnerinnen, für Absprachen zu weiteren Vorgehensweisen, für die Vorbereitung und Durchführung eines kollegialen Austausches sowie für die Verschriftlichung des Prozesses und der Ergebnisse an.

3 Risikoanalyse und partizipatives Ampelverfahren mit Bewohnerinnen

Bei der Risikoanalyse war es zunächst von Bedeutung, die Mitarbeitenden und Bewohnerinnen für das Thema grenzverletzendes Verhalten zu sensibilisieren. Die Analyse sollte zu mehr Sicherheit und einer guten Atmosphäre im Haus und einem Überdenken der räumlichen Gegebenheiten beitragen und somit der Qualitätsverbesserung des Hauses dienen. Die Partizipation der Bewohnerinnen war ein wichtiger Teil der Risikoanalyse und bei der Erstellung der Ampel. Es galt, die jungen Frauen zu ermutigen, mitzumachen, mit zu entscheiden und sich beschweren zu dürfen ohne Angst vor Sanktionen. Ebenso wichtig war das Einbeziehen der Mitarbeitenden, deren Ideen, Kritik und Eigeninitiative.

Das Projekt wurde den fünf Stockwerksprecherinnen des Wohnheimes vorgestellt und das weitere Vorgehen in einem Informationsbrief erklärt (s. Abb. 1). Die Idee hierbei war, dass die Stockwerksprecherinnen die Information in Umlauf bringen und so die Diskussion im Jugendwohnheim anregen.

Abbildung 1: Informationsbrief „Respect Two-Way"

Projekt „Respect Two-Way" (Gegenseitiger Respekt)

Liebe Bewohnerinnen,

seit 12.11.2013 gibt es die Projektgruppe „Respect Two – Way" (Gegenseitiger Respekt). Wir möchten, dass dieses Thema des gegenseitigen Respekts von Grenzen mehr in die Diskussion kommt, damit ihr euch hier auch wohlfühlen könnt. Auch soll es zur Qualitätsverbesserung im Hildegardisheim beitragen. Gemeinsam können wir hier etwas ändern. Respekt, Schutz und Grenzen sind Themen, die uns alle angehen!

Wir möchten euch alle ansprechen, die in unserem Hause wohnen. Nun laden wir euch ein bei unserer ersten Aktion mitzumachen. Bei dieser Aktion wollen wir von euch gerne wissen wo mögliche Gelegenheiten, Situationen und Momente sind in denen Grenzüberschreitungen stattfinden.

Wir haben drei Karten (Rot, Gelb, Grün) vorbereitet, die dazu dienen, eure Ergebnisse festzuhalten. Die Karten mit euren Ergebnissen benötigen wir bis Mittwoch, 04.12.2013. Ihr könnt sie am Empfang, bei uns im Jwh-Büro 200 abgeben oder auch gerne in den Briefkasten am Empfang oder Jwh-Büro 200 einwerfen.

Und so geht es:

Die Farben der Karten haben folgende Bedeutung:

Rot – No Go´s	Verhalten, das nicht sein darf, weil es ohnehin verboten ist, z.B. körperliche Gewalt
Gelb – Don´ts	Grenzen verletzendes Verhalten, z.B. Respektloser Umgang
Grün – Go´s	Verhalten, dass sich alle wünschen und was den gegenseitigen Respekt beachtet, z.B. Mitbestimmung herstellen

Unsere Hoffnung ist, dass wir mit diesen Karten und mit Diskussionen einen gemeinsamen konstruktiven Prozess einleiten. Dazu wird das Mitmachen und Mitdenken von allen benötigt, die sich bei uns aufhalten.

Macht mit – in eurem Interesse!

Solltet ihr Fragen haben, wendet euch an ein Mitglied der Arbeitsgruppe.

• Dikea Kypriotou, JWH; Stefanie Gaudlitz, Empfang

• Sabrina Hauser, Hauswirtschaft; Sebastian Volkmar, Hausmeister

• Sonya Saadaoi, Stockwerksprecherin 3.Stock

Es grüßt Euch

Dikea JWH

Der Informationsbrief ging an jede Bewohnerin unter Hinzufügung von drei Streifen in den Ampelfarben Rot, Gelb, Grün. Eine Erklärung für die Farben und die Bedeutung für „Go" (grün), „Don't" (gelb) und „No go" (rot) konnten dem Informationsbrief entnommen werden. Auf die Streifen sollten die Bewohnerinnen ihre Ergebnisse für die drei Kategorien schreiben. Um die Hemmschwelle herabzusetzen, musste der eigene Name nicht genannt werden. Die Ergebnisse konnten im Jugendwohnheimbüro abgegeben, bei einer pädagogischen Mitarbeiterin in das Postfach gelegt oder in unserem Briefkasten neben dem Jugendwohnheimbüro eingeworfen werden.

Der Informationsbrief mit den Streifen ging auch an die Mitarbeitenden. Während des Prozesses fanden viele Tür- und Angelgespräche mit den Bewohnerinnen im Café oder im Büro des Jugendwohnheims sowie zudem Gespräche unter den Mitarbeitenden statt. Dabei wurden Fragen zum Projekt beantwortet oder Verständnisfragen geklärt. Die zusammengetragenen Ergebnisse wurden in den Veranstaltungen zum Thema Risikoanalyse mit der Cluster-Methode durch Frau Schloz bzw. Dr. Liebhardt (Universität Ulm) sortiert und lebhaft diskutiert.

4   Feedbackbogen als Qualitätsinstrument

Das Ziel des Hausteams war die Erstellung eines neuen Feedbackbogens für Bewohnerinnen während und zum Abschluss des Aufenthalts, um die Qualität des Lebens im Haus zu analysieren und zu verbessern. Gleichzeitig soll der Wohlfühlfaktor im Haus gesteigert und schnelleres Handeln bei schwierigen Situationen im Alltag ermöglicht werden. Im Vorfeld wurde im Hausteam mit Hilfe der Cluster-Methode erarbeitet, welche Möglichkeiten der Beschwerde im Haus bereits existieren und praktiziert bzw. in Anspruch genommen werden. Das Ergebnis war die Einführung eines zukünftigen Feedbackbogens für jede Bewohnerin zum Abschluss des Aufenthalts vor deren Abreise und eines weiteren Feedbackbogens zum Einzug und als Zwischenbefragung nach jeweils sechs Monaten Aufenthalt, um etwas über die Atmosphäre und die Zufriedenheit im Hause zu erfahren. Der Zwischenbefragungsbogen (s. Abb. 2) soll zudem zwischen diesen Zeitpunkten auch am Infopoint frei zugänglich für die Bewohnerinnen verfügbar sein.

5   Flyer „Respect Two-Way" und Schaukasten „Respekt"

Unsere Projektergebnisse sollen noch im Hause bekannt gemacht und so unsere Haltung nach außen sowie nach innen gezeigt werden. Dazu wurde ein Ampelplakat erarbeitet. Durch die Treffen und zahlreichen Gespräche konnten zwei Bewohnerinnen motiviert werden, sich maßgeblich an der Gestaltung zu beteiligen. Kugelschreiber (s. Abb. 2) und ein Kleiderbutton mit der Aufschrift „Respect Two-Way" wurden entwickelt und an alle Bewohnerinnen ausgeteilt. Ein Flyer mit kurzer Information über „Respect Two-Way" rundet das Informationsmaterial ab.

Der Schaukasten im Eingangsbereich des Hildegardisheims wurde zum Thema „Respekt" gestaltet (s. Abb. 3). Dazu übersetzten die Bewohnerinnen unter anderem das Wort Respekt in ihre Sprache und schrieben es auf eine Karte.

Abbildung 2: Kugelschreiber „Respect Two-Way" und Zwischenbefragungsbogen

6   Fazit

Die Bewohnerinnen und Mitarbeitenden sind aufmerksamer geworden gegenüber unangemessenen Verhaltensweisen wie Rücksichtslosigkeit, Unfreundlichkeit und vielen anderen Aspekten, die auf der Ampel verschriftlicht wurden. Durch die aktive Teilnahme sind sie ermutigt worden, Kritik anzubringen, eigene Ideen zu entwickeln und umzusetzen, aber auch sehr persönliche Erfahrungen (positive wie negative) mitzuteilen, die sie hier im Hause, im Freundeskreis oder zu Hause machen.

Wir konnten einige Ergebnisse festhalten, die wir während des bisherigen Prozesses erarbeitet haben.

Die Ergebnisse der Risikoanalyse in Form des Ampelmodells sowie unser Logo, Kugelschreiber, Kleiderbutton und Plakate liegen vor. Die beiden Feedback-Fragebögen im Rahmen

Abbildung 3: Schaukasten im Hildegardisheim „Respekt"

104

des Beschwerdeverfahrens wurden fertig gestellt und werden seit September 2014 eingesetzt. Ein Schaukasten wurde zum Thema Respekt in verschiedenen Sprachen und mit kleinen Holzfiguren (zur Verfügung gestellt vom Behindertenzentrum „BHZ Diesel28") ausgestaltet.

Während der gesamten Aktion gab es von Seiten der Bewohnerinnen und Mitarbeitenden keine Widerstände – im Gegenteil: Alle begrüßten das Projekt sehr, waren neugierig und interessiert. Allerdings war der Zeitaufwand immens, sodass zum großen Teil die Umsetzung und schriftliche Dokumentation in Mehrarbeitsstunden realisiert werden musste. Erschwerend kam hinzu, dass es durch unterschiedliche Arbeitszeiten der Mitarbeitenden (Tag-/Nachtarbeit) und unterschiedliche Ausbildungszeiten der Bewohnerinnen viele terminliche Engpässe gab.

Positiv ausgewirkt haben sich die vielen Gespräche mit unseren Bewohnerinnen im Café und im Jugendwohnheimbüro. Diese Gespräche unterstützten und motivierten die Bewohnerinnen, mitzumachen. Auch die Arbeitstreffen waren sehr lebendig und fruchtbar, was man an den Ergebnissen erkennen kann. Zur Motivation beigetragen haben auch die Veranstaltungen, was sich in der engagierten Beteiligung der Bewohnerinnen niederschlug, z.B. bei der Gestaltung des Infobriefes, der Namensfindung des Projekts, der Gestaltung des Logos, des Ampelplakats oder der Aushänge. Sehr hilfreich und gewinnbringend war es, viele Personen an dem Prozess zu beteiligen und Aufgaben zu verteilen. Jeder und Jede konnte seinen bzw. ihren Beitrag zum Gelingen des Projekts beitragen, was nicht zuletzt daran lag, dass in unserem Haus niederschwellige, freiwillige Angebote von den Bewohnerinnen gerne angenommen werden.

Ebenso positiv ausgewirkt hat sich das Einbeziehen der Funktionsbereiche Hausmeisterei, Hauswirtschaft und Empfang. Wichtig waren auch hier die Tür- und Angelgespräche, die Veranstaltungen und das Aufgreifen von Ideen der Mitarbeitenden. Ein kollegialer Austausch mit einem anderen Jugendwohnheim in Stuttgart hat dazu beigetragen, sich noch einmal klar darüber zu werden, was wir wollen und wohin es gehen soll. Das andere Jugendwohnheim zeigte großes Interesse und war abschließend motiviert, selbst in Richtung Beschwerdemanagement aktiv zu werden.

Während des gesamten Prozesses konnten wir folgende Strukturprobleme identifizieren:

1. Die Privatsphäre der Bewohnerinnen ist nicht optimal geschützt.
2. Sanitäranlagen sind für Gäste und männliche Besucher zugänglich.
3. Fremde können ungehindert durch das ganze Haus gehen, man weiß nicht, wer Bewohnerin, Besuchende/r oder Mitarbeitende ist.

- Die Hausarchitektur ist zum Teil veraltet, z.b. zu hellhörig und zum Teil nicht klar von anderen Bereichen abgegrenzt, der Hintereingang ist nicht einsehbar.
- Das Personal reicht nicht aus, um das Einhalten der Hausordnung zu gewährleisten. Kritische Zeiten sind die Nacht sowie die Wochenenden, die nur über die Rufbereitschaft abgedeckt sind. Kontrolle ist hier nicht möglich.

Während der gesamten Projektphase wurden unsere bereits vor dem Projekt initiierten Stockwerkbesprechungen und gewählten Stockwerksprecherinnen zu wichtigen Werkzeugen der Partizipation, was wir weiterhin beibehalten wollen. Es gab viel Zuspruch von den jungen Frauen und viele kreative Ideen wurden eingebracht. Beschwerden werden zukünftig zielgerichteter abgegeben und bearbeitet werden können. Zusätzlich wird in Bezug auf weitere Beschwerdemöglichkeiten daran gearbeitet, eine externe und idealerweise von den Bewohnerinnen gewählte Anlaufstelle zu etablieren. Die Durchführung des Projekts wurde dadurch begünstigt, dass wir uns mit dem Thema Partizipation und Erstellung eines neuen Fragebogens bereits beschäftigt hatten. Da bei uns verschiedene Kulturen vertreten sind und ein gutes Miteinander und das Beachten von Grenzen mit eine unserer wichtigsten Aufgaben ist, unterstützte uns das Projekt praktisch und theoretisch in unserer Arbeit.

Die Ergebnisse dieses Prozesses sollten in die Konzeption des Jugendwohnheimes einfließen. Sicher hat uns die Durchführung des Prozesses ein Stück weitergebracht, den Schutzraum für unsere jungen Frauen besser gewährleisten zu können und somit im Sinne des Kinder- und Jugendschutzkonzeptes Missbrauch präventiv entgegenzuwirken.

Selbstverständliche Schutzkultur in offenen Lebens- und Freizeiträumen von Familienferiendörfern

Sophia Clement, Jörg Stein, Horst Wichmann

Die Familienferiendörfer der Diözese Rottenburg-Stuttgart sind zum einen Träger von Maßnahmen der Familienerholung im Sinne des § 16 SGB VIII, zum anderen Anbieter von Logis-, Verpflegungs- und Programmleistungen für Gruppen (insbesondere Menschen mit Behinderungen, Schulklassen, Senioren, Familiengruppen und Tagungen). Durch den Schwerpunkt „Familie" ist Kinderschutz ganz selbstverständlich Thema der täglichen Arbeit. Gewalt zwischen Kindern wie auch zwischen Eltern und Kindern, Mobbing und Ausgrenzung sind offensichtliche Themen, mit denen die Familienferiendörfer zu tun haben. Sexualisierte Gewalt ist ein Teilthema im Gesamten eines Kinderschutzkonzeptes für die Familienferiendörfer. Weil es aber weniger greifbar und weniger sichtbar ist, bedarf es umso größerer Sensibilisierung auf Seiten der Verantwortlichen.

Im Blick auf den Gesamtprozess „Kultur der Achtsamkeit und Verantwortung" weisen die Familienferiendörfer einige Besonderheiten auf:

- Gäste sind nur für kurze Zeiträume im Feriendorf (Wochenende, eine Woche, zwei Wochen)
- durch die offene Struktur sind auch Gefährdungen „von außen" mitzubedenken
- Gäste kommen mit der Erwartung „Urlaub", nicht zur Teilnahme an einer „Maßnahme"
- Stamm-Mitarbeiterschaft hat in den wenigsten Fällen eine (sozial-)pädagogische Vorbildung

1   Potentielle Risiken im Feriendorf

Nach dem gemeinsamen Einführungsworkshop in die zweite Projektphase im Oktober 2013 begannen wir im Familienferiendorf Eglofs, das die Rolle des „Piloten" für die Feriendörfer übernommen hatte, mit einer ausführlichen Risikoanalyse[1]. Das Feriendorf Eglofs bietet für rund 50 Familien zeitgleich in 32 Häusern und 15 Ferienwohnungen/Apartments einen Aufenthalt an. Es ist mit bis zu 288 Betten das größte der drei Familienferiendörfer des Familienerholungswerks. In Langenargen finden maximal 211, in Schramberg 246 Personen gleichzeitig Platz.

Als Gefährdungsbereiche erfassten wir neben sexuell motivierten Grenzverletzungen:

- Mobbing und Ausgrenzung
- jede Art von körperlicher und psychischer Gewalt (auch „häusliche Gewalt")
- Vernachlässigung/mangelnde Fürsorge
- Nötigung und Erpressung (v.a. bei Schulklassen)
- Verletzung des Jugendschutzgesetzes (Alkohol, Nikotin, Medien)
- Verletzung der Persönlichkeitsrechte (Eigentum, Bild und Video, Ton, …)
- Verletzung der Privatsphäre/Datenschutz.

Täter/Täterin bzw. Grenzverletzer/Grenzverletzerin können im Bereich der Familienferiendörfer neben den Mitarbeitenden aus unterschiedlichen Bereichen (Leitung, Ferien-Teams, Hauswirtschaft, Hausmeisterei, Verwaltung und externe Programmanbieter/-beteiligte) auch folgende Personen sein:

- Familien- und Gruppenangehörige innerhalb der eigenen Familie/Gruppe oder gegenüber Gastkindern/Gästen aus anderen Familien/Gruppen
- Besucher von Familien und Gruppen
- Kinder und Jugendliche unter sich, entweder einzeln oder in Gruppen
- durch die Offenheit und Größe der Liegenschaften auch externe Täter/Täterin

---

1   s. dazu den Artikel von Liebhardt/Fegert/Schloz in diesem Buch.

Als Betroffene kommen grundsätzlich in Betracht Kinder und Jugendliche aus Familien und Gruppen, Menschen mit Behinderungen und Senioren bei Gruppenaufenthalten, Ehe-/ Lebenspartner z.b. bei Formen häuslicher Gewalt, Mitarbeitende von Einrichtungen bei Freizeiten, Personal (festangestellt, kurzfristig oder Honorarkraft) des Feriendorfes. Soweit (junge) Erwachsene betroffen sind, gilt ein vergleichbarer Schutzgedanke, wie gegenüber Kindern und Jugendlichen. Diesen haben wir daher bewusst in das Schutzkonzept mit aufgenommen.

2 Projektteam

Das Kernteam im „Pilotstandort" Familienferiendorf Eglofs bildeten:

- Thomas Hahn, Feriendorfleiter
- Horst Wichmann, Fachkraft für Programmgestaltung
- Sophia Clement, Freiwillige im FSJ

Die Ergebnisse im Pilotprojekt wurden regelmäßig mit dem Vorstand des Familienerholungswerks und den Leitungen der beiden anderen Familienferiendörfer reflektiert.

Im Februar 2014 wurden zu einem Workshop in Eglofs Vertreterinnen und Vertreter aus allen wichtigen Gäste-, Mitarbeiter- und Partnerbereichen eingeladen, um sowohl die Risikoanalyse als auch die Frage der adäquaten Vermittlung des Themas auf eine möglichst breite Basis zu stellen.

3 Projektverlauf

Die Risikoanalyse wurde in mehreren unterschiedlichen Gesprächsrunden, sei es in einem kleinen Kernteam, einem großen Workshop oder bei der Vorbereitung der Ferien-Teams überprüft, diskutiert und ergänzt. Sie diente als Grundlage für die weiteren Überlegungen. Dies war ein fortlaufender Prozess durch die gesamte Projektzeit.

Ein weiterer Punkt forderte unsere Aufmerksamkeit. Auf das offene Klima, das Gruppen oder auch Einzelpersonen bei Aufenthalten in den Familienferiendörfern erfahren, und die Nähe, die oft zu den Ferien-Teams oder auch anderen Mitarbeitenden entsteht, können Teilnehmende je nach eigener Vorerfahrung Reaktionen zeigen, die gar nicht im Zusammenhang mit Ereignissen im Feriendorf stehen müssen. Der offene Umgang gegenüber der Thematik Kinderschutz und Grenzverletzungen erleichtert es unter Umstän-

den einem betroffenen Kind, sich mit einem Trauma zu offenbaren, das seinen Ursprung im heimatlichen Umfeld (Familie, Schule, Freizeit, …) hat.
Vier weitere Arbeitsschwerpunkte/Fragestellungen ergaben sich für den Träger und die drei Feriendörfer:

1. Wie vermitteln wir unser Anliegen der „Kultur der Achtsamkeit und Verantwortung" an die unterschiedlichen Gäste- und Altersgruppen in der jeweilig angepassten Form (Grafik/Text) und Formulierung, ohne sie zu verschrecken oder zu irritieren?
2. Wie schaffen (fördern) wir ein offenes Kommunikationsklima und Beschwerdemanagement?
3. Wie sehen feste Abläufe (Wege/Ansprechpartner) aus, falls es zu einem entsprechenden Ereignis kommt – wo und wie können Hilfe und Unterstützung an- bzw. eingefordert werden?
4. Wie können Feriendorfleitungen und Mitarbeitende auf diese Ereignisse und ein notwendiges Handeln vorbereitet werden? Wie können interne oder externe Fortbildungen ausgestaltet werden? Welche Partner kommen dafür in Frage?

4 Projektergebnisse

Folgende Aspekte können als Projektergebnisse festgehalten werden:

1. *Gäste und Mitarbeitende sensibilisieren*
   Als Modell der Visualisierung wurde nach intensiven Diskussionen und der Prüfung umsetzbarer Alternativen mit dem Drei-Farben-Modell die bereits gut bekannte Form der Ampel gewählt (s. Abb. 1, S. 111 ff.). Die Farbe ROT steht für „Das geht gar nicht" oder auch „No Go", die Farbe GELB steht für „Das gibt es – aber darüber muss geredet werden" und die Farbe GRÜN signalisiert das erwartete Verhalten/den gewünschten Umgang miteinander.
   Es wurde versucht, die einzelnen Formulierungen sowohl in Anzahl als auch in der Sprache den unterschiedlichen Empfängergruppen anzupassen. Gerade für den Mini-Treff, unseren Kindergarten für die 3- bis 6-Jährigen, und auch für den Kindertreff, d.h. die 6- bis 11-Jährigen, suchen wir allerdings noch nach grafischen Darstellungsmöglichkeiten, die die entsprechende Textform ersetzen bzw. ergänzen.

Abbildung 1: Zielgruppengerechte Ampelmodelle

KINDERGARTEN

- Ich tue keinem weh
- Ich mache nichts absichtlich kaputt
- Ich beleidige und beschimpfe niemanden
- Ich laufe nicht weg
- Ich fasse niemanden an seinem privaten Bereich an
- Ich zwinge niemanden
- Ich rede nicht schlecht über andere
- Ich lüge nicht

- Hier kann ich mit dir über alles reden
- Hier kann ich dir sagen was mich traurig macht
- Hier kann ich erzählen was mich freut
- Hier kann ich jemandem helfen
- Hier kann mir jemand helfen
- Hier kann ich spielen und Freude haben

KINDERTREFF

- Ich tue keinem anderen weh
- Ich beleidige niemanden und benutze keine Schimpfwörter
- Ich nehme nichts was einem anderen gehört ohne ihn davor zu fragen
- Ich fasse niemanden an wo er es nicht will und wenn er es nicht will
- Ich fotografiere oder filme niemanden ohne ihn vorher um Erlaubnis zu fragen
- Ich schließe niemanden aus
- Ich stelle niemanden bloß oder lache ihn aus
- Ich lästere nicht
- Ich verstoße nicht gegen die Regeln

- Ich schreie nicht laut
- Ich bleibe bei einem Streit ruhig und versuche ihn zu klären
- Ich behandle andere so wie ich behandelt werden möchte

- Ich höre zu, wenn ein anderer spricht und unterbreche ihn nicht
- Ich verhalte mich immer respektvoll und freundlich
- Ich helfe anderen, wenn ich kann
- Ich spreche Probleme an, bevor sie zum Streit werden
- Ich bitte jemanden der Betreuer um Hilfe, wenn ich/ wir einen Streit oder ein Problem nicht alleine lösen können

JUGENDTREFF

- Wir lästern und tratschen nicht und setzten keine Gerüchte in die Welt
- Wir schlagen, treten und spucken nicht oder wenden andere Arten von Gewalt an
- Wir achten die persönliche Grenze des Anderen (Bsp. Körpernähe, Flirten, Sprache,...)
- Wir mobben nicht und grenzen niemanden aus
- Wir vermeiden Fäkalsprache, Herabsetzungen, Respektlosigkeit, Schimpfwörter, Beleidigungen oder andere Formen verbaler Gewalt
- Wir verstoßen nicht gegen das Jugendschutzgesetz (der Jüngste zählt!)
- Wir machen keine Fotos oder Videos von anderen, ohne das Einverständnis von ihnen zu haben
- Wir stellen keinen sexuell orientierten Körperkontakt her

- Wir achten auf unseren Umgangston
- Wir achten auch bei der Nutzung moderner Kommunikationsmittel auf Form und Ton
- Wir necken andere nicht oder machen keine Späße über sie
- Wir bleiben bei Streits und Konflikten ruhig und versuchen sie zu lösen
- Wir verurteilen andere nicht
- Wir ziehen uns angemessen an und drücken uns angemessen aus
- Wir schreien nicht und vermeiden starke emotionale Reaktionen

- Wir gehen friedvoll miteinander um
- Wir achten die eigenen Grenzen jedes Einzelnen
- Wir gehen respektvoll miteinander um
- Wir lassen einander aussprechen und hören einander zu
- Wir gehen freundlich und hilfsbereit miteinander um
- Sehen wir Probleme versuchen wir zu helfen und sie zu lösen
- Wir schützen Daten
- Wir schaffen einen sicheren Raum, sodass Probleme leicht angesprochen werden können
- Ich bitte jemanden der Betreuer um Hilfe, wenn ich/ wir einen Streit oder ein Problem nicht alleine lösen können

PRAKTIKANTEN UND PRAKTIKANTINNEN

-- Das geht hier gar nicht--

- Wir lästern weder über Gäste noch über Kollegen
- Wir lästern und tratschen nicht und schüren keine Gerüchte
- Wir machen keine zweideutigen Angebote und respektieren die Unterschiede zwischen Freundlichkeit, Flirt und sexueller Annäherung
- Wir schlagen, treten und spucken nicht oder wenden andere Arten von Gewalt an
- Wir achten die persönliche Grenze des Anderen (Bsp. Körpernähe, Flirten, Sprache,...)
- Wir mobben nicht und grenzen niemanden aus
- Wir vermeiden Fäkalsprache, Herabsetzungen, Respektlosigkeit, Schimpfwörter, Beleidigungen oder andere Formen verbaler Gewalt
- Wir verstoßen nicht gegen das Jugendschutzgesetz (der Jüngste zählt!)
- Wir machen keine Fotos oder Videos von anderen, ohne das Einverständnis von ihnen zu haben
- Wir betreten ohne Aufforderung keine von Gästen bewohnten Ferienhäuser
- Wir lassen keine Gäste unsere Unterkünfte betreten
- Wir stellen keinen sexuell orientierten Körperkontakt her und werden nicht sexuell übergriffig
- Wir akzeptieren und verbreiten keine Medien mit gewalttätigen, diskriminierenden, ehrverletzenden oder pornografischem Inhalt
- Wir bieten Kindern und Jugendlichen keinen Alkohol oder Zigaretten an
- Ab 22:00 hat das „junge Team" seine Privatsphäre

-- Das gibt es aber darüber muss geredet werden--

- Wir achten auf unseren Umgangston
- Wir nutzen unsere Position nicht aus
- Wir achten auch bei der Nutzung moderner Kommunikationsmittel auf Form und Ton
- Wir necken andere nicht oder machen keine Späße über sie
- Wir bleiben bei Streits und Konflikten ruhig und versuchen sie zu lösen
- Wir verurteilen andere nicht
- Wir ziehen uns angemessen an und drücken uns angemessen aus
- Wir bedenken stets, dass unser Verhalten auf die Kinder einen Einfluss hat und schnell zur Nachahmung verleiten kann (Küsse oder andere unangebrachte körperliche Nähe vor den Kindern)
- Wir schreien nicht und vermeiden starke emotionale Reaktionen
- Wir sprechen im Team offen über Überforderung oder Schwierigkeiten
- Wir sprechen im Zweifelsfall den Gegenüber stets mit „Sie" an

- Wir gehen friedvoll miteinander um
- Wir achten die individuellen Grenzen jedes Einzelnen
- Wir gehen respektvoll miteinander um
- Wir lassen einander aussprechen und hören einander zu
- Wir gehen freundlich und hilfsbereit miteinander um
- Wir üben Körperkontakt als Ausdruck positiver Wertschätzung aus
- Sehen wir Probleme, erkennen wir sie als solche an, helfen und versuchen sie zu lösen
- Wir schützen Daten
- Wir schaffen einen sicheren Raum, sodass Probleme leicht angesprochen werden können
- Wir schaffen Verbindlichkeit und führen Rituale ein
- Wir trösten Kinder, wenn sie weinen oder es ihnen schlecht geht
- Wir bevorzugen kein Kind
- Wir sprechen Konflikte im Team mit dem Anleiter bzw. der Leitung an, wenn wir sie nicht selbst lösen können

ELTERN

---Für Eltern wird eine allgemeine Philosophie des Feriendorfs formuliert---

MITARBEITER

- Wir lästern weder über Gäste noch über Kollegen
- Wir lästern und tratschen nicht und schüren keine Gerüchte
- Wir machen keine zweideutigen Angebote und respektieren die Unterschiede zwischen Freundlichkeit, Flirt und sexueller Annäherung
- Wir wenden keine Art der Gewalt an
- Wir achten die persönliche Grenze des Anderen (Bsp. Körpernähe, Flirten, Sprache,...)
- Wir mobben nicht und grenzen niemanden aus
- Wir vermeiden Fäkalsprache, Herabsetzungen, Respektlosigkeit, Schimpfwörter, Beleidigungen oder andere Formen verbaler Gewalt
- Wir machen keine Fotos oder Videos von anderen, ohne das Einverständnis von ihnen zu haben
- Wir betreten ohne Aufforderung keine von Gästen bewohnten Ferienhäuser
- Wir stellen keinen sexuell orientierten Körperkontakt her und werden nicht sexuell übergriffig
- Wir bieten Kindern und Jugendlichen keinen Alkohol oder Zigaretten an
- Wir akzeptieren und verbreiten keine Medien mit gewalttätigen, diskriminierenden, ehrverletzenden oder pornografischem Inhalt

- Wir achten auf unseren Umgangston
- Wir nutzen unsere Position nicht aus
- Wir achten auch bei der Nutzung moderner Kommunikationsmittel auf Form und Ton
- Wir necken andere nicht oder machen keine Späße über sie
- Wir bleiben bei Streits und Konflikten ruhig und versuchen sie zu lösen
- Wir verurteilen andere nicht
- Wir ziehen uns angemessen an und drücken uns angemessen aus
- Wir bedenken stets, dass unser Verhalten auf die Kinder einen Einfluss hat und schnell zur Nachahmung verleiten kann
- Wir schreien nicht und vermeiden starke emotionale Reaktionen
- Wir sprechen im Zweifelsfall den Gegenüber stets mit „Sie" an
- Einladungen von Gästen/ Kindern prüfen wir genau und besprechen sie gegebenenfalls

- Wir gehen friedvoll miteinander um
- Wir achten die individuellen Grenzen jedes Einzelnen
- Wir gehen respektvoll miteinander um
- Wir gehen freundlich und hilfsbereit miteinander um
- Sehen wir Probleme, erkennen wir sie als solche an, helfen und versuchen sie zu lösen
- Wir schützen alle uns anvertrauten persönlichen Daten
- Wir trösten Kinder, wenn sie weinen oder es ihnen schlecht geht
- Wir wenden uns an entsprechende Stellen, wenn wir berufliche Konflikte untereinander, nicht lösen können und sie unsere Arbeit beeinflussen

Da Personen und Gruppen unterschiedlicher Herkunft bzw. von unterschiedlichem Bildungsstand oder Auffassungsgabe bei uns zu Gast sind, bedarf es entsprechender Rücksichtnahme bei den Formulierungen („einfache Sprache"). Ein Aufkleber soll auf unsere Kultur der Achtsamkeit und Verantwortung aufmerksam machen (s. Abb. 2), evtl. ergänzt durch ein entsprechendes und ansprechendes Plakat. Besonders ausgewählte Ansprechpersonen im Team können durch ein Symbol auf dem Namensschild als solche gekennzeichnet werden. Auch wenn sich Kinder, Jugendliche oder Erwachsene in der Regel die Person ihres Vertrauens selbst und nach ganz eigenen Kriterien aussuchen, kann ein solches Zeichen evtl. zusätzlich zu einem Gespräch anregen.

Abbildung 2: Aufkleber als Hinweis für die Gäste

Durch anonyme oder namentlich gekennzeichnete Mitteilungen – in Form eines Rückmeldebogens oder formlos – ist die Kommunikation eines Anliegens zu ermöglichen. Neben einem Briefkasten ist hierbei auch der oft näherliegende Weg der elektronischen Kommunikation zu prüfen.

2. *Handlungsleitfaden für die Mitarbeitenden*
    Konkrete Handlungsempfehlungen und -schemata sollen das Vorgehen in Verdachtsfällen erleichtern, Gesprächsgrundlagen bieten und interne sowie externe Ansprechpersonen benennen. Diese sind mit aktuellen Angaben noch zu erarbeiten und dem jeweiligen Standort anzupassen.

3. *Fortbildung*
    Das Familienerholungswerk erarbeitet derzeit ein Fortbildungskonzept. In diesem wird die Fortbildung zum Thema „Schutz vor Kindeswohlgefährdung" zielgruppengerecht einen prominenten Platz einnehmen.

5 Fazit

Der gesamte Prozess dieser Projektphase hat bei allen Beteiligten das Problembewusstsein, die Sensibilität für die Thematik und den Wunsch nach einem (Kinder-)Schutzkonzept gestärkt. Auch wenn in den Diskussionen im internen Kreis über die Verhaltensnormen im Farbenmodell Einigkeit herrschte, wurde bewusst, dass diese Normen nicht für jeden selbstverständlich sind und dass es Einzelne geben kann, die ihre eigenen Bedürfnisse bzw. eigene Verhaltensformen darüber stellen. Der Schutz vor dadurch bedingten Grenzverletzungen muss in den Fokus unserer Aufmerksamkeit rücken.

Als positiver Nebeneffekt des Prozesses ist zu nennen, dass der intensive Austausch unter den Feriendörfern die Qualitätsentwicklung sowohl in der Programmgestaltung als auch in der Begleitung der Ferien-Teams enorm vorangebracht hat. Insofern wird von allen Beteiligten der hohe Zeitaufwand für dieses Projekt als lohnenswerte Investition gesehen.

Kinderschutz im Alltag

Multidimensionale Perspektiven und Konzepte

Sabine Andresen

Der Caritasverband der Diözese Rottenburg-Stuttgart hat sich die Entwicklung eines Kinderschutzkonzeptes für die eigenen Einrichtungen vorgenommen. Die Befragung der Einrichtungen bzw. ihrer Leitungen zum Stand des Kinderschutzes gibt ein heterogenes Feld wieder. Dieses weist sowohl enorme Potenziale zur Entwicklung von Kinderschutzkonzepten aus, macht aber auch Schwachstellen und Grenzen der bisherigen Praxis deutlich. So ist die Herangehensweise an die Thematik Stärkung und Schutz vor sexualisierter Gewalt ein bislang wenig belichtetes Thema, auch die systematische Einbindung von Kindern, Jugendlichen und Eltern weist deutlich Defizite auf, ebenso wie die Bereitstellung von Wissen und Informationen. Insbesondere Letzteres ist sehr aufschlussreich, nach wie vor geht es neben ethischen Fragen nämlich auch um Aspekte der Wissenserzeugung, -aufbereitung und des Wissenstransfers in verschiedene Akteursgruppen hinein. Über Wissen und Informationen bezogen auf den Kinderschutz zu verfügen, ist nach wie vor keine Selbstverständlichkeit in der Öffentlichkeit, der Elternschaft und in den verschiedenen Professionen, seien es Pädagogik, Medizin, Justiz oder Polizei.

Diese Befunde der Befragung durch die Universitätsklinik Ulm unter der Leitung von Hubert Liebhardt führt mich zu der These, dass alltagstaugliche Kinderschutzkonzepte multidimensional angelegt sein müssen, ohne durch eine zu hohe Komplexität die Entscheidungs- und Handlungsfähigkeit der Akteure zu beschneiden. Dabei schlage ich vor, ein Set von Dimensionen zu benennen, von denen einzelne Dimensionen nach dem bisherigen Forschungsstand unverzichtbar sind, andere hingegen in Abhängigkeit zum Praxisfeld, zur konkreten Einrichtung und zum Stand der Entwicklung von Schutzkonzepten gemeinsam mit allen Akteuren ausgewählt werden sollten. Die Bedeutung von Beteiligung auch der Eltern, Kinder und Jugendlichen ist zuletzt sehr eindrücklich in der Studie von Ulrike Urban-Stahl (2013) herausgestellt worden. Sie zeigt auf, welche Komponenten bei der Entwicklung und Etablierung von Beschwerdeverfahren berücksichtigt werden müssen. Neben der Beteiligung aller Akteure hebt sie auch hervor, dass die konkreten

Bedingungen in den einzelnen Einrichtungen berücksichtigt werden müssen, dass die Auseinandersetzung mit den Rechten von Kindern und Jugendlichen in der Einrichtung erfolgen muss, dass die Entwicklung vielfältiger Beschwerdewege erzielt werden sollte, dass Vertrauen, Transparenz und Verlässlichkeit unverzichtbare Tugenden der Einrichtung sind und stets berücksichtigt werden müssen und schließlich, dass die Implementierung von Beschwerdeverfahren Zeit und „Lobbyisten" benötigt, wobei grundsätzlich den Einrichtungsleitungen eine Schlüsselrolle zukommt.

Davon ausgehend lassen sich aus meiner Sicht folgende Dimensionen für den Kinderschutz im Alltag identifizieren:

1. Achtsamkeit und Aufmerksamkeit
2. Hinsehen ermöglichen: Beobachtung und Beschreibung
3. Sprache ermöglichen: erzählen und Gehör finden
4. Wissen und Informationen
5. Störungen zulassen und Beschwerdewege etablieren
6. Prozesse und Strategien
7. Gelassenheit und Sensibilität stärken

Ich möchte mich im vorliegenden Beitrag auf die ersten drei Dimensionen konzentrieren, weil sie im Besonderen auf die vielfach geforderte Veränderung von „Einrichtungskulturen" als „Kultur der Achtsamkeit" oder „Kultur des Hinsehens" Einfluss nehmen.

1 Achtsamkeit und Aufmerksamkeit

Achtsamkeit gehört zu den neueren Begriffen der Diskussion über den Umgang der Akteure in sozialen Institutionen. Er hat sowohl eine meditativ-buddhistische Tradition als auch eine psychoanalytische. In der jüngeren Literatur geht es häufig um den Zusammenhang zwischen Achtsamkeit für sich selbst und Stressbewältigung bei aufreibenden, oft beruflich bedingten Alltagserfahrungen. Achtsamkeit füreinander – für die Grenzen der jeweils anderen, die möglichen Begrenzungen durch knappe Ressourcen oder problematische Strukturen, für Grenzüberschreitungen durch unklare Verhaltensnormen sowie für eine fehlende Verständigung über ethische Grundfragen – soll zu einer neuen Kultur in Einrichtungen beitragen. Die „Kultur der Achtsamkeit" ist eng verbunden mit einer Kultur des Hinsehens und Hinhörens. Insofern appelliert der Begriff Achtsamkeit nicht nur an die professionelle Ethik, sondern an eine letztlich zivilgesellschaftlich motivierte Haltung der

Solidarität, Hilfsbereitschaft und des prinzipiellen Interesses ohne übergriffige Neugierde.

Ich möchte allerdings den Begriff der Achtsamkeit um den der Aufmerksamkeit erweitern, und zwar der Aufmerksamkeit für Erfahrungen von denjenigen, die im besonderen Maße in den Institutionen abhängig sind, also Kinder, Jugendliche, Eltern oder Patienten auf der einen Seite und auf der anderen für diejenigen, die in den institutionellen Hierarchien auf die Professionalität und Haltung der Leitung angewiesen sind.

Mit dem Begriff der Aufmerksamkeit schließe ich an den Phänomenologen Bernhard Waldenfels an. In seinem Buch „Phänomenologie der Aufmerksamkeit" (2004) findet er eine Sprache für Erfahrungen, die Menschen in unterschiedlichen Kontexten machen und sortieren bzw. ordnen müssen. „Wer alles hört und sieht, sieht und hört nichts, und mißt [!] man jemanden an den Erfahrungen, die er macht, so ist jemand, dem nichts widerfährt, ein niemand. Um von Erfahrungen sprechen zu können, genügt es offenbar nicht, daß Wolken am Himmel vorbei ziehen, daß Verkehrslärm aufbrandet, daß die Sonne ihre Wärmestrahlen aussendet, daß ein Gerät sich erhitzt oder der Boden schwankt. Was hier fehlt, das bin ich selbst oder sonst jemand, der dies alles bemerkt und zur Kenntnis nimmt" (ebd., S. 13). Dieses „zur Kenntnis nehmen" zieht es nach sich, Erfahrungen in Sprache zu überführen, etwa von ihnen zu erzählen. Aber Waldenfels' „Phänomenologie der Aufmerksamkeit" verweist durchaus auch auf die Grenzen, Erfahrungen und ihre Vieldeutigkeit in eine Sprache zu bringen, denn das, was sich uns zeigt, ist niemals deckungsgleich mit dem, was sich darüber sagen lässt. Diese Spannung gilt es im Blick zu behalten, wenn es um Erfahrungen mit Kinderschutz in Institutionen geht.

Waldenfels unterscheidet verschiedene Typen der Aufmerksamkeit: Die für ihn spektakulärste Form ist ein „schockartiges Erlebnis", das unsere Aufmerksamkeit wie ein „Blitz, Knall oder Schrei" einfordert, ohne Planung und Kontrolle. Eine zweite Form ist die der „sorgfältigen und gezielten Prüfung, […] also ein Hinsehen, Hinhören oder Abschmecken", die dritte Variante ist die sich kaum bemerkbar machende Aufmerksamkeit, die eintritt ohne Auftrag oder besonderen Reiz: „Die Aufmerksamkeit äußert sich hier als eine hintergründige Form der Wahrnehmungsbereitschaft, der Wachsamkeit, die in der Hypervigilanz extreme Formen annimmt." Die vierte Form schließlich ist die Aufmerksamkeit für „das *Merkwürdige*, das *Bemerkenswerte*, das auf den Umstand zurückgeht, daß [!] die Aufmerksamkeit von Trieben, Bestrebungen, Vorlieben und Interessen gesteuert wird" (Waldenfels 2004, S. 13–14).

In der „Phänomenologie der Aufmerksamkeit" wird erstens herausgestellt, dass die Formen der Aufmerksamkeit fließende Grenzen haben und sich mischen können, zweitens aber, dass Aufmerksamkeit auch mit Überreaktionen einhergehen kann und schließlich, dass sie drittens häufig nicht bewusst oder aktiv aktiviert wird. Waldenfels beschreibt Letzteres folgendermaßen: „Die Aufmerksamkeit gleicht dem Salz in der Suppe, das unentbehrlich ist, von dem man aber kaum Notiz nimmt" (ebd., S. 15).

Davon ausgehend lässt sich mit dem Phänomen der Aufmerksamkeit auf den Kinderschutz folgendermaßen blicken: Erstens geht es um die Bedeutung von Erfahrungen, zweitens wird deutlich, dass Erfahrungen immer auch leibgebunden sind, das heißt, die Aufmerksamkeit hat generell nicht nur eine kognitive Seite, sondern sie ist mit dem Körper und allen Sinnen verbunden. Drittens schließlich kann Aufmerksamkeit auch eine Übersensibilisierung mit erzeugen, ein Phänomen, das gerade bei der Entwicklung von Kinderschutzkonzepten in Einrichtungen besonders sensibel zu reflektieren ist. Dies zeigt sich beispielsweise an der Verunsicherung von Fachkräften bei der Frage, welches Verhältnis von Nähe und Distanz richtig und angemessen ist oder wie sensible Themen angesprochen werden können, um neue Tabuisierungen, etwa der kindlichen Sexualität zu vermeiden. Darüber hinaus zeigt sich die Gratwanderung der Aufmerksamkeit an der Thematik, wie in Kindertageseinrichtungen auf männliche Fachkräfte reagiert wird, seitens der Eltern, der Leitung, der Kolleginnen. Das zu beobachtende Misstrauen gegenüber Männern in der professionellen Arbeit mit Kindern hängt auch mit einer „neuen" Aufmerksamkeit zusammen, führt jedoch mit dazu, einzelne qua Geschlecht unter Verdacht zu stellen.

Mit einer kritisch sensiblen Phänomenologie der Aufmerksamkeit bekommt man die „andere" Seite der geforderten Kultur der Achtsamkeit in den Blick und wird aufgefordert, die Maßnahmen, Haltungen, Strategien der Schutzkonzepte sowie den Prozess der Teilhabe, Interessenvertretung und Information stets kritisch zu reflektieren.

2   Hinsehen ermöglichen: Beobachtung und Beschreibung

Die zweite Dimension, die mit der Phänomenologie der Aufmerksamkeit eng verbunden ist, ist die des Hinsehens, des Beobachten und Beschreibens. Janusz Korczak hat in seiner eigenen pädagogischen und forschenden Praxis dafür sensibilisiert, wie wichtig der Zusammenhang zwischen der Praxis der Beobachtung von Kindern und Erziehungsverhältnissen, dem genauen Beschreiben des Beobachteten und der sich damit auch einstellenden ethischen Haltung ist. Als professionelle Praxis und als Teil eines Schutzkonzeptes ist die Beobachtung auf eine möglichst genaue und dichte Beschreibung angewiesen.

Die Beobachtung von Situationen, Interaktionen, sozialen Praktiken, des Umgangs mit den Dingen, der Natur und den anderen Menschen ist dann besonders wichtig, wenn es einen beschränkten Zugang zur Sprache und zum Erzählen gibt. So ist insbesondere die Betreuung von sehr jungen Kindern außerhalb der Familie folglich auch dadurch herausgefordert, dass Kinder ihre Sprachfähigkeiten erst entwickeln und sich nicht sofort mitteilen können. Wie drücken ein- bis zweijährige Kinder in der Kindertagesstätte ihre Gefühle aus? Wie kommunizieren sie ihre Bedürfnisse, wie zeigt sich etwa ihre Trauer darüber, wenn die Mutter oder der Vater den Raum verlässt? Wie reagieren die Erzieherinnen auf die kindlichen Ausdrucksformen, die nicht immer offensichtlich sind, wie sensibel gehen sie trotz eines hohen Geräuschpegels, eines unzureichenden Betreuungsschlüssels auf die Bedürfnisse eines einzelnen Kindes ein, was zeigt sich in ihren Gesichtern und welche sozialen Praktiken bestimmen die Interaktionen? Das sind Fragen, die durch Beobachtung, Beschreibung und Austausch darüber, einer Antwort zugeführt werden können. Insbesondere an dieser Dimension zeigt sich, dass sich die Entwicklung und Etablierung von Kinderschutz ebenso wie dessen Alltagstauglichkeit darin bewähren, ob der Alltag Zeit und Raum für Hinsehen, Beachten, Beschreiben, Deuten und Reagieren lässt.

Darüber hinaus müssen Fachkräfte auch dazu befähigt werden, genau hinzusehen und möglichst genau zu beschreiben. Hier ist die Befähigung zu einer „ethnografischen" Haltung hilfreich. Diese besagt, dass es darum gehen müsse, das Fremde in der Nähe zu entdecken, also nicht vorschnell immer schon zu wissen, um was es in einer Alltagssituation geht. Genau dann wird man die möglichen „blinden Flecken", die Kinder und Jugendliche gefährden, nicht identifizieren.

Nicht nur Kleinkinder, auch traumatisierte Kinder und Jugendliche finden nicht immer eine Sprache für das, was ihnen widerfahren ist und sind entsprechend darauf angewiesen, dass verantwortliche Erwachsene einen geschulten Blick haben und genau beobachten. Insofern möchte ich dafür plädieren, diese Dimension als einen unverzichtbaren Bestandteil von Schutzkonzepten zu verstehen.

3 Sprache ermöglichen: Erzählen und Gehör finden

Menschen sind existenziell darauf angewiesen, sich mitteilen zu können. Aus unterschiedlichen Forschungsdisziplinen erhalten wir immer deutlichere Befunde zur elementaren Funktion der Kommunikation. So weisen etwa die neueren evolutionstheoretischen Forschungen (Tomasello 2006) darauf hin, wie zentral das Mitteilen, das Erzählen, aber auch das Gehörfinden für die menschliche Evolution sozialer Beziehungen ist. In dieser Dimension geht es deshalb darum, diesen existenziellen Sachverhalt in Erinnerung zu rufen und seine Bedeutung für die Wahrung der Integrität des Menschen zu gewichten. Insbesondere Kindheit und Jugend sind als eine verletzliche Phase zu verstehen, denn Heranwachsende sind grundsätzlich in Abhängigkeitsverhältnisse mit Älteren eingebunden und im Besonderen auf eine Balance von Fürsorge und Schutz einerseits sowie Selbstkontrolle und Autonomieerfahrungen andererseits angewiesen (Andresen/Hurrelmann/Schneekloth 2012; Andresen 2014). Diese Ausgewogenheit muss im Wesentlichen durch die Erwachsenen mit gewährleistet werden, die den Alltag mit Kindern leben. Sie bedarf aber auch struktureller, also gesellschaftlicher Rahmenbedingungen und sie wird durch Institutionen wie Kindertagesstätte, Schule und Familie und deren Normen, Rollenvorstellungen und Ausstattungen ermöglicht oder behindert.

Im Rahmen der wissenschaftlichen Evaluation des theaterpädagogischen Präventionsprojektes „Mein Körper gehört mir!" in der Stadt Bielefeld sind wir der Frage nachgegangen, ob und wie es gelingen kann, Kindern und Erwachsenen so etwas wie „thematische Inseln" zu schaffen, auf denen sie sich auch über „schwierige" Themen austauschen und eine gemeinsame Sprache finden können. Die Relevanz wird auch deutlich in der Auswertung der Onlinebefragung bei der Caritas der Diözese Rottenburg-Stuttgart (Schloz/Liebhardt 2013): Hier zeigt sich, dass der Schutz vor sexueller Gewalt und dessen Thematisierung zu den noch wenig umgesetzten Inhaltsbereichen zählt. Insofern sei an dieser Stelle etwas ausführlicher auf die Befunde der wissenschaftlichen Untersuchung eines Präventionsansatzes und -projektes eingegangen.

Die Stadt Bielefeld hat eine im deutschlandweiten Vergleich außerordentliche „Kultur der Prävention" entwickelt. Das theaterpädagogische Präventionsprojekt „Mein Körper gehört mir!" läuft dort in allen Grundschulen bereits in seinem zweiten Jahrzehnt. Es ist eingebettet in ein Netzwerk mit der Fachstelle für Prävention „EigenSinn e.V.", der „theaterpädagogischen werkstatt GmbH" Osnabrück, der Bielefelder Polizei, den Grundschulen und der Stiftung der Sparkasse in Bielefeld. Das theaterpädagogische Programm bleibt folglich nicht auf die pädagogische Arbeit mit den Kindern beschränkt, sondern bezieht systematisch und konsequent Eltern und Lehrer_innen ein. Durch die Kooperation mit der Fachstelle "Eigensinn e.V." werden die lokalen Beratungsstellen in die Arbeit der Theaterpädagog_innen eingebunden und so Angebote für die erwachsenen Bezugspersonen geschaffen. Das Projekt findet verteilt über mindestens drei Wochen mit drei Aufführungen statt. Kinder werden interaktiv an unterschiedliche Gefühle und Eindrücke bezogen auf den eigenen Körper herangeführt und dabei wird ihnen auch eine

„Sprache" vermittelt. Dies wird als Unterscheidung zwischen „Ja-Gefühlen" und „Nein-Gefühlen" behandelt. Damit verbunden geht es um die Vermittlung des Wissens und der Haltung, dass es wichtig ist, nein zu sagen, wenn man etwas nicht will, auch zu Erwachsenen, auch zu denen, die man mag und die einem nahestehen. Ein weiterer wichtiger Themenkomplex ist das *Erzählen* von Erfahrungen, die Angst machen, Unsicherheit auslösen oder irritieren. Dabei erleben die Kinder auch, dass man ohne es zu wollen oder provoziert zu haben, etwas erleben kann, das einem peinlich ist. Dennoch den Schritt zu gehen, sich jemandem anzuvertrauen, ist ein wichtiges thematisches Element. Schließlich wird auch behandelt, wie sich Kinder Hilfe holen können.

In der wissenschaftlichen Evaluation von „Mein Körper gehört mir!" wurden sowohl quantitative als auch qualitative Erhebungsmethoden genutzt. Die Verschränkung dieser beiden Erhebungsmethoden folgte dem Anspruch qualitativer Sozialforschung, Forschungsmethoden zu nutzen, die die Sichtweisen der beteiligten Subjekte, also die subjektiven und sozialen Konstruktionen ihrer Lebenswelt berücksichtigen.

Der quantitative Teil der wissenschaftlichen Evaluation bestand aus Fragebögen zur Erhebung von Perspektiven der Kinder, der Eltern und der am Projekt beteiligten Schulleitungen. In qualitativen Einzelinterviews wurden Eltern, nachdem sie und ihre Kinder am Projekt teilgenommen haben, sowie Lehrkräfte beteiligter Schulen befragt. Mit einigen Theaterpädagoginnen, die das Theaterprogramm „Mein Körper gehört mir!" anbieten und umsetzen, wurde eine Gruppendiskussion durchgeführt, ebenso wie mit den Fachkräften aus der Kindersprechstunde sowie mit Kindern in einer gesondert ausgewählten Schule. Gegen Ende der Erhebung wurde zudem ein Fragebogen für die Schulleiterinnen eingesetzt. Sowohl für die quantitative als auch für die qualitative Erhebung wurde mit Vergleichsgruppen gearbeitet. Wie schwierig es ist, zu eindeutigen Befunden in der Wirkungsforschung zu Prävention von sexueller Gewalt zu kommen, zeigt exemplarisch die Expertise von Kindler, auf die an dieser Stelle nur verwiesen werden kann (Kindler 2011).

Einige markante Ergebnisse der Untersuchung seien benannt: Nach den Theateraufführungen verfügen die Kinder der dritten Klassen über deutlich mehr Wissen über sexuelle Gewalt. Sie können grenzüberschreitende Situationen besser einordnen und vor allem haben sie gelernt, dass man als Kind Erwachsenen gegenüber „Nein" sagen darf. Sie haben aber auch den Eindruck, dass es Erwachsenen eher unangenehm ist, mit Kindern über sexuelle Gewalt zu sprechen. In der Fragebogenerhebung der Eltern tritt zunächst die mehrheitlich positive Einschätzung des Projektes hervor. Eltern von Grundschulkindern in Bielefeld befürworten unabhängig davon, ob sie einen Migrationshintergrund haben und unabhängig vom sozioökonomischen Hintergrund der Familien, dass ihre Kinder an dem Projekt teilnehmen. Zudem nahm die Mehrheit der Eltern wahr, dass ihre Kinder ihnen nach dem Projekt Fragen stellten zu den dort behandelten Themen.

Allerdings kommt immer noch über ein Drittel der Kinder nach dem Projekt zu der Einschätzung, dass es Erwachsenen unangenehm ist, mit ihnen über Sexualität und sexuelle Gewalt zu sprechen. Dieser Befund aus der Kinderbefragung findet Analogien in der qualitativen Befragung der Erwachsenen. Die Interviews wurden mit Blick auf die Frage analysiert, wie Erwachsene, Lehrkräfte und Eltern über Sexualität und sexuelle Gewalt sprechen. Auffällig ist, dass Erwachsenen das Gespräch mit Kindern über Sexualität und sexuelle Gewalt keineswegs leicht fällt. Sowohl die interviewten Mütter als auch die Lehrkräfte umschreiben das Phänomen sexuelle Gewalt und meiden die klare Benennung, stattdessen codieren sie sexuelle Gewalt mit Worten wie „Dinge", „Sache", Thema" oder „Thematik". Sexuelle Gewalt wird zudem häufig folgendermaßen umschrieben mit „wenn etwas passiert", „irgendwas vorgefallen" ist, „was Schlimmes passiert", „dieses Problem" oder "Kindern was antun".

Alle Akteure, deren Einschätzung im Rahmen der Evaluation eingeholt wurde – Kinder, Lehrkräfte wie Eltern – beschäftigt das Sprechen über Sexualität und vor allem sexuelle Gewalt. Diesen Aspekt gilt es sehr ernst zu nehmen, denn nur wenn es Erwachsenen gelingt, Kindern auf Dauer Sicherheit zu geben, dass sie der Thematisierung sexueller Gewalt und dem damit verbundenen Ängste, aber auch Fragen gewachsen sind, kann ein Schutzkonzept nachhaltig realisiert werden. Die Herausforderung, einem auch beängstigenden und einem mit starken Gefühlen verbundenen Phänomen eine „öffentliche" Sprache zu geben, kann ein Präventionsprojekt allein nicht leisten, es muss in ein umfassendes Schutzkonzept integriert sein. Hier geht es um eine kontinuierliche Arbeit an der „Kultur" des Sprechens über Sexualität, Macht und Gewalt in der Gesellschaft.

4   Fazit

Kinderschutz rührt zunächst und vor allem an die pädagogische Ethik und damit an das sittliche Handeln der einzelnen Akteure als Teil von Professionalität sowie an die Rahmenbedingungen sittlichen Handelns in Institutionen. Daraus ergeben sich spezifische Anforderungen an eine pädagogische Ethik: Erstens sollte sie eine grundlegende Orientierung bieten und zweitens sollte sie sich in konkrete Verfahren überführen lassen.

Vor diesem Hintergrund müssen die Verantwortlichen auf Trägerebene und in den Einrichtungen klären, wie die wie Akteure zu sittlichem Handeln befähigt werden, wie Strukturen aussehen müssen, in denen Anerkennung ein zentraler Maßstab ist, wie Institutionen beschaffen sein müssen, damit Rechte eine Grundlage pädagogischen Handelns werden und wie eine gute Qualität pädagogischer Beziehungen aussieht.

Auf dem Weg zu einem alltagstauglichen Kinderschutzkonzept sollte man sich immer wieder zentrale Fragen stellen:

- Wie lassen sich Schutz und Fürsorge mit Autonomie und Freiheit in eine „gute" Balance bringen?
- Wie kann man dafür Sorge tragen, dass Kinder und Jugendliche Räume, und in diesen Räumen Menschen, finden, die ihnen zuhören, ihnen glauben und mit ihnen gemeinsam nach Lösungen für ihre Probleme suchen?
- Welche Erfahrungen machen Kinder und Jugendliche diesbezüglich und wie kann man ihre Perspektive bei der Gestaltung von Krisen- und Beschwerdemanagement mit einbeziehen?
- Wie kompetent sind Erwachsene, Signale von Kindern und Jugendlichen zu erkennen und auf sie zu reagieren?
- Welche unterstützenden Netzwerke haben Fachkräfte?
- Welche Sprachbarrieren bestehen bei Erwachsenen, auch bei Fachkräften?
- Wie lassen sich Nähe und Distanz „verhandeln"?
- Wie lässt sich professionell mit Unsicherheit umgehen?

Literatur

Andresen, S./Hurrelmann, K./Schneekloth, U. (2012): Care and Freedom. Theoretical and empirical aspects of children's well-being. In: Child Indicators Research 5, S. 437–448.

Andresen, S. (2014): Childhood Vulnerability: Systematic, Structural, and Individual Dimensions In: Child Indicators Research. (Online Publication 25. May 2014, accepted 22. April 2014, DOI 10.1007/s12187-014-9248-4).

Kindler, H./Schmidt-Ndasi, D. (2011): Wirksamkeit von Maßnahmen zur Prävention und Intervention im Fall sexueller Gewalt gegen Kinder. Expertise im Rahmen des Projekts ,Sexuelle Gewalt gegen Mädchen und Jungen in Institutionen. www.dji.de/fileadmin/user_upload/sgmj/Expertise_Amyna_mit_Datum.pdf (Abruf 1. Juli 2014).

Schloz, C./Liebhardt, H. (2013): Maßnahmen eines institutionellen Kinderschutzes - eine Analyse von Strukturmerkmalen von Einrichtungen und Diensten im Caritasverband der Diözese Rottenburg-Stuttgart e.V. http://vts.uni-ulm.de/doc.asp?id=9075 (Abruf 9. Juli 2014).

Tomasello, M. (2006): Die kulturelle Entwicklung des menschlichen Denkens. Frankfurt am Main: Suhrkamp Verlag.

Urban-Stahl, U. (2013): Beschweren erlaubt! 10 Empfehlungen zur Implementierung von Beschwerdeverfahren in Einrichtungen der Kinder- und Jugendhilfe. Handreichung aus dem Forschungsprojekt „Bedingungen der Implementierung von Beschwerdeverfahren in Einrichtungen der Kinder- und Jugendhilfe (BIBEK)". www.ewi-psy.fu-berlin.de/einrichtungen/arbeitsbereiche/sozialpaedagogik/Forschung/forschungsprojekt-bibek/Materialien_Downloads/BIKBEK-smale.pdf?1362584132 (Abruf 1. Juli 2014).

Waldenfels, B. (2004): Phänomenologie der Aufmerksamkeit. Frankfurt am Main: Suhrkamp Verlag.

Den Betroffenen eine Stimme geben

Pastoraltheologische Impulse für ein institutionelles Schutzkonzept der Caritas[1]

Gerburg Crone

Brauchbitten

Wir brauchen welche
die weinen können
die trauern um alle
die nicht überlebt haben
um alle
die gebrochen wurden in ihrer Würde
vergewaltigt verstümmelt und zu Tode gequält

Wir brauchen welche
die schreien können
die das Unrecht beim Namen nennen
laut und deutlich
für alle
die zum Schweigen gebracht wurden
die sprachlos geworden sind in ihrem Schmerz

Wir brauchen welche
die kämpfen können
die nicht davonlaufen beim ersten Geruch des Schreckens
wir brauchen welche
die hoffen können
die Dein Mund sind Dein Ohr und Dein Schrei
denen schick Deine Kraft Gott
die lass ansteckend sein

(Moosbach 2000, S. 72)

---

1   In diesen Artikel sind Gespräche mit verschiedenen TheologInnen aus dem Netzwerk
Theologen des Caritasverbandes der Diözese Rottenburg-Stuttgart eingeflossen.

Diesen Artikel beginne ich mit einem Text von Carola Moosbach, die in ihrer Kindheit Opfer sexueller Gewalt wurde. Für mich gibt er wertvolle Hinweise darauf, was unseren Umgang mit erlittenem Unrecht in der Kirche bestimmen sollte.

Als junge Mitarbeiterin in einer Erziehungsberatungsstelle der Caritas war ich tief erschüttert, als ich in einer Spielstunde das erste Mal von einem siebenjährigen Mädchen geschildert bekam, was der Vater ihm angetan hatte. Ich habe im ersten Moment nicht glauben wollen, dass so etwas tatsächlich passiert. Es war für mich damals unvorstellbar. So wie ich mich damals von dem Bild lösen musste, dass es solche Taten in einer Familie nicht geben kann, um das Mädchen mit seinen Nöten, seiner Bedrängnis, seiner Angst und seiner Wut verstehen und annehmen zu können[2], so steht es seit 2010 durch das bundesweite Bekanntwerden von zahlreichen Vorfällen im katholischen Milieu für unseren Verband an, als katholische Institution das ramponierte Bild von Kirche auszuhalten. Unsere Wahrnehmung von Kirche als einem heilenden Ort in der Welt hat sich als fehlerhaft erwiesen, genau wie das Priesterbild, nach dem ein Priester nichts Böses tun könne und über den „normalen" Menschen stehe (Collins/Hollins 2012, S. 34). Das, was wir spätestens seit 2010 erleben, ist ein bitteres Erwachen: Auch und gerade in unserer Kirche kam und kommt sexueller Missbrauch vor. In der Diözese Rottenburg-Stuttgart waren laut dem Bericht der Kommission im Zeitraum von 2002 bis 2013 von den 107 Beschuldigten 72 Priester, 21 haupt- und ehrenamtliche Laien und 14 Angehörige eines Frauenordens (Grübel 2002, S. 31).

Diese kognitive Dissonanz zwischen dem, was man erlebt, und dem, was man für möglich hält, hat lange Zeit zu einer Schockstarre und vor 2010 in der Kirche wie anderswo zu Vertuschung und Nicht-Wahrhaben-Wollen geführt, so dass besten Falles die Tat als Verfehlung eines Einzelnen bewertet wurde. Seit 2010 ist jedoch durch die Veröffentlichung der Vorfälle am Canisius-Kolleg der Jesuiten in Berlin der deutschen Gesellschaft deutlich geworden, dass wir im katholischen Milieu eine Kultur des Wegschauens geduldet haben. Dieser „kollektive Sündenfall" (Mertes 2013, S. 333) muss allen katholischen Einrichtungen als Mahnung zur Umkehr geraten. Und diese Aufgabe kann nur als Kontinuum realisiert werden: „Vertrauen bedarf der

---

2 Die Pastoralkonstitution Gaudium et Spes, II. Vatikanum formuliert es entsprechend: „Freude und Hoffnung, Trauer und Angst der Menschen von heute, besonders der Armen und Bedrängten aller Art, sind auch Freude und Hoffnung, Trauer und Angst der Jünger Christi" (Rahner/Vorgrimler S. 449).

ständigen und stetigen Bekräftigung, sonst schwindet es (…), Vertrauen erträgt weder Ambivalenz noch Unklarheit" (Reemtsma 2008, S. 36).

Wenn ich hier von Kirche rede, denke ich an die Caritas als eine ihrer Organisationsformen. Wenngleich sich das Problem des Missbrauchs innerhalb der Caritas nur noch sehr selten mit der Frage nach dem Fehlverhalten von Ordinierten verbindet, muss es für alle Caritas-MitarbeiterInnen mit und ohne Ordination eine notwendige Selbstverständlichkeit bleiben, sexuelle Übergriffe durch Mitarbeiterinnen und Mitarbeiter nicht zu tolerieren und in allen Einrichtungen eine Kultur der Achtsamkeit und der Verantwortung zu entwickeln.

Erst der Verlust der Helferposition und die Begegnung mit den Opfern der eigenen Pastoral, so formuliert es Klaus Mertes, ermöglicht der Institution Kirche bzw. Caritas einen Perspektivenwechsel (Mertes 2013, S. 333 f.). Diesen müssen wir auf allen vier Ebenen des kirchlichen Grundvollzugs – Diakonia, Martyria, Koinonia und Liturgia (Zerfaß 1992, S. 86–88) – vollziehen.

1 Die Wirklichkeit aus der Perspektive des Opfers begreifen (Diakonia)

Auf der Ebene der Diakonia: Hier ist die Wirklichkeit aus der Perspektive des Opfers zu begreifen und es sind entsprechende Angebote für die Betroffenen zu realisieren.

2010 wurde – durch den öffentlichen Druck – auch innerhalb der Kirche klar, dass ein begangener sexueller Übergriff zu beachten und zu verfolgen ist. Auch die US-amerikanische Kirche hat erkennen müssen: „Das Opfer hat Vorrang. Jede Untersuchung sollte mit der Anhörung des Opfers beginnen. Auf das Opfer, nicht auf den Täter sollte sich die Aufmerksamkeit der Kirche zuerst richten" (Rosetti 2012, S. 46). In der Vergangenheit konnte ich mich manchmal nicht des Eindrucks erwehren, dass der Amtskirche ihr Ruf wichtiger war als das Leiden der Opfer sexuellen Missbrauchs. Wie groß das Leiden der Betroffenen ist und wie lebensbedrohlich eine erlittene sexuelle Grenzverletzung ist, davon zeugen die Berichte der Opfer. Ich habe in meiner Arbeit in der psychologischen Beratungsstelle mit einer Reihe von traumatisierten Betroffenen therapeutisch gearbeitet, um ihnen so wieder einen positiven Zugang zum Leben, die Fähigkeit zu vertrauen und Freude und Lust zu erleben, zu ermöglichen.

Mit der Einrichtung der Hotline der Deutschen Bischofskonferenz (DBK) in der Folge der Aufdeckung der Verstöße gegen die sexuelle Selbstbestimmung im Canisius-Kolleg in Berlin wurde den von sexueller Gewalt durch kirchliche MitarbeiterInnen Betroffenen ein überfälliges Forum zur Klage geschaffen. Die Hotline fungierte quasi als „institutionelles Ohr".[3] Mit der Veröffentlichung und Auswertung der Erfahrungen (Zimmer et al. 2014) stellt sich die Kirche einem essentiellen Diskurs. Viele Opfer aber leiden bis heute an Flashbacks, Depressionen, Partnerschaftsproblemen und nicht zuletzt an einer verstummten Religiosität und dem sozialen Tod (Zimmer et al. 2014, S. 149–154). Die durch die Hotline der DBK und durch die Hotline der Bundesregierung für ehemalige Heimkinder bekannt gewordenen Erlebnisse der Opfer benennen massive Grenzverletzungen, Straftaten von kirchlichen Mitarbeitenden, denen häufig ein jahrzehntelanges unbeanstandetes Wirken vorausging.

Welche Tragik eine solche Tat auslöst, hätten wir aber schon lange zuvor im Alten Testament nachlesen können:

> „Tamar aber streute sich Asche auf das Haupt und zerriss das Ärmelkleid, das sie anhatte, sie legte ihre Hand auf den Kopf und ging schreiend weg. Ihr Bruder Abschalom fragte sie: War dein Bruder Amnon mit dir zusammen? Sprich nicht darüber, meine Schwester, er ist ja dein Bruder. Nimm dir die Sache nicht so zu Herzen! Von da an lebte Tamar einsam im Haus ihres Bruders Abschalom. Doch der König David erfuhr von der ganzen Sache und wurde darüber sehr zornig. Abschalom aber redete nicht mehr mit Amnon, weder im Guten noch im Bösen; er hasste Amnon, weil dieser seine Schwester Tamar vergewaltigt hatte" (2 Sam 13,19–22).

Solange wir aber wie Abschalom den Opfern ein Schweigegebot auferlegen, werden wir ihnen nicht gerecht. Abschaloms Reaktion, den Bruder und Täter Amnon zu ermorden (2 Sam 13,27–33), kann nicht unsere Lösung sein. Genauso wenig kann es ein befriedigender, lebensbejahender Weg sein, die Tat tot zu schweigen und sich darauf zu beschränken, die Bedrängten aufzunehmen. Wir sind aufgefordert, neue Wege ins Leben zu ermöglichen, den sozialen Tod zu verhindern und so das Reich Gottes zu verwirklichen.

Die Erfahrungsberichte der Opfer sexuellen Missbrauchs in katholischen Einrichtungen machen nicht nur darauf aufmerksam, dass die Täter/innen doppelgesichtig waren: Sie waren sowohl beliebte Seelsorger/innen, Erzieher/innen, Lehrer/innen als auch skrupellose Machtausnutzer/innen. Die Berichte zeigen auch, dass unsere Einrichtungen zwei Seiten hatten: Sie hielten

---

3 Wir haben dies beim Caritasverband der Diözese Rottenburg-Stuttgart mit der Einrichtung unserer Hotline-Nummer (0800-4300400) und der Beratungsmöglichkeit über www.caritas-gegen-missbrauch.de seit Oktober 2012 fortgeführt; siehe dazu auch den Artikel von Tripp in diesem Buch.

einerseits ein vom Staat gefördertes Angebot der Jugendhilfe bereit und schafften es andererseits nicht, grenzverletzende, übergriffige Mitarbeiter/innen rechtzeitig zu erkennen und ihnen das Handwerk zu legen. Wir können auch in Zukunft nicht verhindern, dass Menschen mit einer solchen Neigung sich als Mitarbeiter/innen in der Caritas bewerben. Deshalb müssen wir alle Anstrengungen unternehmen, um Fehlverhalten zu erkennen und uns als Organisation qualifiziert aufzustellen. Prävention ist vor allem auch ein Qualitätsentwicklungsprozess, in dem alle einen veränderten Umgang mit Autoritäten lernen müssen. Mit der Prävention von sexueller Gewalt geht notwendigerweise auch eine Analyse von Machtstrukturen[4] einher:

Wir wissen, dass ein/e Täter/in oft mit hoher Sensibilität die Vulnerabilität des Opfers für seine/ihre Bedürfnisse ausnutzt (Zimmer et al. 2014, S. 129). Der Vertrauensvorschuss, den der/die Täter/in aufgrund der Arbeit in einer katholischen Einrichtung erhalten hat, wird von ihm/ihr genutzt, um seine/ihre soziale Macht zur Befriedigung seiner/ihrer Bedürfnisse zu missbrauchen.

Das Vorgehen der Täter/innen wurde durch eine Unfehlbarkeitserwartung gegenüber kirchlichen Autoritäten begünstigt. Die Kirche galt als „heile Welt". „Jedes Gespräch über erfahrene Diskrepanzen, die im Miteinander hätten ausgetragen werden müssen" (Zimmer et al. 2014, S. 127) wurde vermieden, um nicht in eigene innere Konflikte zu geraten. Natürlich muss ein sexueller Missbrauch durch kirchliche Mitarbeiter/innen auch vor dem Hintergrund des (Wunsch-)Bildes einer makellosen Kirche sowie eines Amtsverständnisses gesehen werden, das den Priester mindestens in die Nähe eines Schamanen rückt. Dieses Verständnis von Kirche als einer „heilen Welt" wurde leider in der Vergangenheit durch die Kirche selbst immer wieder befördert. Auch hierin benötigen wir ein kollektives Umdenken.

Es bleibt ein Skandal, wie lange Opfer auch heute noch auf geeignete Therapieangebote warten müssen und wie sehr Beratungsstellen in kirchlicher und freier Trägerschaft um den Ausbau ihres Angebots kämpfen müssen.

2 Zeugnis ablegen über das, was den Betroffenen widerfahren ist (Martyria)

Auf der Ebene der Martyria: Hier sind wir gefordert, offen Zeugnis über das Geschehene abzulegen und damit Impulse für eine gute Präventionsarbeit zu

---

4 Siehe dazu auch den Artikel von Wolff in diesem Buch.

setzen. Zeugnis ablegen über die Frohbotschaft des Neuen Testamentes geht nur in der Wahrnehmung der Leidensgeschichte, in diesem Fall der Leidensgeschichte der betroffenen Opfer.

Mittlerweile ist bekannt, dass sich Täter/innen ihre Opfer durch „grooming", das schrittweise Sich-Gefügig-Machen des Körpers des Opfers quasi züchten[5]. Es ist davonauszugehen, dass sich gefährdete Mitarbeiter/innen ermutigt fühlen, übergriffig gegenüber Anvertrauten zu werden, wenn in einer Institution Grenzüberschreitungen nicht beachtet werden. So können junge Mitarbeiter/innen mit entsprechender Neigung sich zunehmend mehr getrauen, ihre Bedürfnisse auszuleben und zu befriedigen, weil sie von keiner Leitungsperson, von keinem/r Kollegen/in gebremst werden.

Das ist der eigentliche Skandal von 2010: Sowohl, dass Mitarbeiter/innen schuldig wurden, als auch dass eine ganze Generation von KollegInnen und Leitungskräften nicht den Mut hatte, hinzuschauen und Einhalt zu gebieten (Applewhite 2013, S. 128). „Der Mangel an berufsbegleitender Supervision, Rechenschaftspflicht und Unterstützung ist äußerst kritisch zu sehen, sowohl im kirchlichen Dienst als auch bei anderen Aufgaben, die mit einer hohen Vertrauensposition verbunden sind" (Applewhite 2013, S. 131).

Es wäre zu kurz gesprungen, das Thema des sexuellen Missbrauchs ausschließlich als ein Problem der Ordinierten oder Ordensleute zu sehen. Sicherlich ist ein Missbrauch durch diesen Personenkreis besonders verwerflich, zumal sich bis heute mit der Weihe bzw. den Gelübden ein bestimmter Unfehlbarkeitsmythos verbindet, der dem Priester oder der Ordensfrau/dem Ordensmann anhaftet. Aber auch in der Caritas Rottenburg-Stuttgart gab es bereits vor 2010 Meldungen von ehemaligen Heimkindern, die in Kinderheimen in der Diözese Missbrauch durch anderes erzieherisches Personal erlitten hatten (Schäfer-Walkmann/Störk-Biber/Tries 2011).

Um hier ein verändertes Bewusstsein und einen schützenden Umgang zu garantieren, haben wir beim Caritasverband der Diözese Rottenburg-Stuttgart in den vergangenen zwei Jahren ein breit angelegtes institutionelles Schutzkonzept entwickelt.[6]

Wir brauchen MitarbeiterInnen, die den betroffenen Opfern Glauben schenken und den Mut haben, diese bei ihrem Widerstand gegenüber den Täter/innen zu unterstützen. Das bedeutet, dass wesentliche Aufgaben in der

---

5 Der erste Körperkontakt findet rein zufällig und eher öffentlich statt; der Täter testet die Reaktion des ausgesuchten Opfers in unverfänglichen Situationen und geht dann mit seinen Handlungen gezielt immer weiter und wird zunehmend intimer.
6 Siehe dazu den Artikel von Tripp in diesem Buch.

Personalentwicklung liegen – zum einen um sprachfähig zu werden und zum anderen um beziehungsfähig zu sein.

Die Erfahrungen mit den Meldungen von Fehlverhalten von Mitarbeiter/innen der Caritas zeigen, dass schwerpunktmäßig Mitarbeiter/innen mit wenig Berufserfahrung in den Fokus geraten, die offensichtlich vor dem Hintergrund ihrer Berufsunerfahrenheit bzw. eines Mangels an Ausbildung auf ungeeignete Art und Weise Kontakt zu den ihnen anvertrauten Klienten/innen suchen. Hier wird zum Beispiel nicht alters- und rollenentsprechend mit Anvertrauten kommuniziert, sondern ein kumpelhafter Umgang gepflegt. Oder, um Regeln durchzusetzen, werden Spiele erfunden, die (einen) Körperkontakt zulassen. Das heißt, hier verhalten sich Mitarbeiter/innen grenzverletzend, die noch nicht in ausreichendem Maß eine persönliche innere Reife entwickelt haben. Ihnen fehlt das Bewusstsein für passende und unpassende Formen von Nähe und Körperkontakt zwischen Mitarbeitern/innen und Klienten/innen (Zimmer et al. 2014, S. 213). Dienstliche Beziehung, Privates, Freundschaftliches und Geschwisterliches werden miteinander vermischt. Wenn solches Verhalten keine korrigierende Aufmerksamkeit erfährt, wenn der Konflikt mit einem/r diesbezüglich unreifen Kollegen/in vermieden wird, dann führt das zu einer unausgesprochenen Bestätigung dieser Art der Beziehungsgestaltung.

Die Erfahrungen der letzten beiden Jahre zeigen aber auch, dass sich die betroffenen KlientInnen an andere MitarbeiterInnen wenden konnten, dass sie gehört wurden und ihnen Glauben geschenkt wurde. Hier war spürbar: Jedes Kind, jeder Mensch darf unerwünschte Nähe zurückweisen. Die MelderInnen konnten durch ihr Handeln Entscheidungen beeinflussen und erlebten sich so als selbstwirksam (Zimmer et al. 2014, S. 230). Sie erlebten, dass Grenzverletzungen abgelehnt werden dürfen und dass Fehlverhalten anderen anvertraut werden kann. Und damit wird dem/r MitarbeiterIn, der/die davon erfährt, auch zugemutet, sich mit einer Dissonanz auseinanderzusetzen: „Der/die Klient/in ist mit seiner/ihrer Wahrnehmung im Recht und beschuldigt eine/n Kollegen/in, mit dem ich bisher gut zusammen gearbeitet habe."

Dass ein Mensch einen Weg einschlägt, auf dem er seine Bedürfnisse mit Hilfe von Macht befriedigt, ist oft ein schleichender Entwicklungsprozess. Dieser kann unterbrochen werden, wenn Menschen in seiner Umgebung den Mut finden, hier inne zu halten, aufzustehen und sich zu widersetzen. Wir müssen im Miteinander lernen, nicht auf die Aura eines/r Mitarbeiters/in zu achten, sondern auf das, was er oder sie tut.

Dazu gehört, eine Kultur zu entwickeln, die es möglich macht, mit Störungen, Widerständen und Beschwerden umzugehen.[7] Die im Bereich der Korruptionsbekämpfung entwickelten Methoden können übertragen werden, um grenzverletzendes Fehlverhalten frühzeitig zu erkennen. Denn auch bei Korruption geht es um Fehlverhalten von Mitarbeiter/innen, das dem individuellen Vorteil dient und anderen und der Einrichtung schadet. Für hilfreich halte ich insbesondere Methoden wie das Vier-Augen-Prinzip, die Trennung von Funktionen wie Aufgabenerfüllung und Aufgabenüberprüfung, das Prinzip der zeitlichen Limitierung von Aufgaben und entsprechende Jobrotation (Dölling 2007, S. 49–51).

In den Einrichtungen muss ein Klima des Austausches über ungewöhnliches oder befremdliches Verhalten entstehen. Hierfür braucht es Zeitressourcen und Qualifizierungsmaßnahmen. Eine aufgrund der Rahmenbedingungen personell schlecht ausgestattete Einrichtung stellt auch für eine/n qualitativ gut aufgestellte/n MitarbeiterIn eine Überforderung dar, auf die er/sie mit einem Burnout, mit Stellenwechsel, mit Einfordern von anderen Bedingungen reagieren kann. Für Mitarbeiter/innen mit einer bereits vorhandenen Bindungsstörung kann das jedoch zur Ausgangslage für die Befriedigung eigener Bedürfnisse auf Kosten anderer werden. Hier ist immer das schwächste Glied in der Kette am meisten gefährdet.

Eingerichtete Beschwerdestellen benötigen zudem genügend Kompetenzen, um Beschuldigungen zu überprüfen und entsprechende Konsequenzen zu veranlassen.

In der Vergangenheit wurde vielfach das Fehlverhalten eines/r Täters/Täterin ausschließlich als eine individuelle Fehlleistung gedeutet und damit auf das Individuelle reduziert. Die zu häufig praktizierte Reaktion des Vertuschens macht darüber hinaus deutlich, dass hier die Vertuschenden selbst im Grunde nicht mehr an die Zusage der Liebe Gottes auch zu den Sündern glauben. Somit ist ein Vertuschen der Tat auch ein Zeichen für einen eigenen Glaubensverlust und dafür, dass Akteure sich nicht mehr in der Liebe Gottes getragen fühlen. Ein Sich-Bekennen zu Fehlverhalten setzt eine innere Bereitschaft, ein Bekenntnis zum Getragen-Sein durch die Liebe Gottes voraus, mit der klaren Aussage, dass jede/r trotz Versagen und Fehlverhalten in der Liebe Gottes bleibt. Die Aufgabe für Schuldig-Gewordene ist allerdings die der Umkehr und des Neuanfangs. Die Umkehrbereitschaft schließt mit ein: Zur Würdigung des Opfers als Individuum gehört, dass ein/e Täter/in nicht in seiner/ihrer bisherigen Aufgabe einfach weitermachen oder nach einer kurzfristigen Unterbrechung diese wieder aufnehmen kann.

---

7 Siehe dazu den Artikel von Liebhardt in diesem Buch.

Solidarisch mit den Sündern zu sein, bedeutet für mein persönliches Glaubensverständnis, dass die Täter/innen weiterhin Mitglied dieser Kirche bleiben, aber dann nicht mehr als ErzieherIn, als Sozialpädagoge/in oder als Priester tätig sind. Es gilt also, sie bei der Entwicklung eines neuen Lebensentwurfs so zu begleiten, dass sie Vergangenheit und Schuld darin integrieren können, ohne erneut fehl zu gehen. Hier weist Rosetti zu Recht daraufhin, dass den Tätern/innen neben der notwendigen Hinzuziehung der Strafverfolgungsbehörden bei der Führung eines guten Lebens geholfen werden muss, da dies eine größere Chance bietet, einen Rückfall zu vermeiden (Rosetti 2012, S. 49f.).[8]

Bislang steht im kirchenrechtlichen Umgang mit Fehlverhalten von Ordinierten der schwerwiegende Verstoß gegenüber dem sechsten Gebot und damit eine individuelle moralische Verfehlung im Vordergrund.[9] Die eigentliche Schuld ist aber die Verletzung der Würde und der Person des/r Hilfesuchenden und damit ein Missbrauch der Beziehung.[10] In der Dynamik des Tathergangs wird dem Opfer seine Subjekthaftigkeit vom Täter bzw. von der Täterin abgesprochen. Es fühlt sich aus der Normalität der Gemeinschaft ausgeschlossen und reagiert mit innerer Abspaltung dieser Erfahrung, mit Rückzug oder mit Ausfällen, die einen tatsächlichen Ausschluss nach sich ziehen. Diese psychologische Dimension der Tat verlangt therapeutische Konsequenzen, die von den Opfern oft nur mühevoll gezogen werden. Die soziologische Dimension jedoch verlangt gesellschaftstheoretische Konsequenzen (Klein 2013, S. 321).

3 Strukturelle Verstrickungen wahrnehmen und erinnern (Koinonia)

Auf der Ebene der Koinonia: Hier liegt der Schwerpunkt auf der Fähigkeit, die strukturellen Verstrickungen wahrzunehmen, um den Opfern ihren Platz in der Kirche zu geben und daraus heilsame Prozesse für die Institution zu entwickeln. Selbstverständlich muss auch hier sein, dass die Betroffenen

---

8 Dazu auch Müller, der aufgrund der Erfahrungen der US-amerikanischen Kirche sich auf Stephen Rosetti bezieht und zu dem Schluss kommt, dass nur ein Priestertäter von hundert die Wahrheit sagt (Müller 2012, S. 107).

9 Siehe dazu das „motu proprio sacramentorum sanctitatis titula" (SST) vom 30. April 2001, Artikel 6, § 1 (Sekretariat der Deutschen Bischofskonferenz 2014, S. 19).

10 Klein setzt das mit einem Verstoß gegen die Gottes- und Nächstenliebe (1. Gebot) gleich (Klein 2013, S. 318).

selbst über ihren Platz in oder außerhalb von kirchlichen Einrichtungen entscheiden.

Sexueller Missbrauch in Einrichtungen der Caritas ist auch für die Institution eine traumatische Erfahrung. Mit Traumata kann man zwar leben, aber in jedem Fall nur schwerer als vorher. Das bedeutet meines Erachtens, dass wir ein klares Bewusstsein über die eigenen Grenzen, über die eigene Fehlerhaftigkeit und die Gefährdungssituationen benötigen.

Der Auftrag der Caritas heißt auch, sich im Sinne Jesu parteilich auf die Seite der Leidenden zu stellen: „Was ihr für einen meiner geringsten Brüder getan habt, das habt ihr mir getan" (Mt 25,40).

Das fordert aber auch einen entsprechenden Umgang mit TäterIn, Tat und Opfer, wie es ein US-amerikanisches Opfer beschreibt: „Sich für die Taten der Priester, die Missbrauch begangen haben, zu entschuldigen, reicht nicht aus. Es muss ein Schuldeingeständnis und eine Übernahme von Verantwortung für den Schaden und die Zerstörungen erfolgen, die im Leben der Opfer und ihrer Familien angerichtet wurden, weil die Vorgesetzten der Täter die Missbrauchsfälle oft absichtlich vertuschten und falsch mit ihnen umgingen. Das ist nötig, bevor ich und andere Opfer wirklich Frieden und Heilung finden können" (Collins 2012, S. 43).

Zum einen müssen die Taten durch die Kirche verurteilt werden. Das geht nur mit einem Bekenntnis, einer selbstverständlichen Solidarität mit dem Opfer. Die Amtsenthebung – als Priester, als ErzieherIn, als LehrerIn – ist dazu eine notwendige Konsequenz. „Vergebung und die Zuweisung einer Pfarrstelle sind zwei verschiedene Dinge" (Rosetti 2012, S. 51).[11] An dieser Stelle Barmherzigkeit für die Täter/in zu fordern, verharmlost das Vergehen und verhöhnt das Opfer ein weiteres Mal. Zudem kann die Vergebung nicht durch die Kirche ausgesprochen werden; vergeben können nur die Opfer. Von der Kirche sind die Opfer als Subjekte in der Kirche wahrzunehmen. Zuerst benötigen sie, die Opfer, einen anerkannten Ort in diesem Beziehungsnetz. Nur so kann die katholische Einrichtung „ihre Funktion als sinnstiftende Ordnung, die Kinder zu trösten vermag und zu der sie Zuflucht nehmen können" (Klein 2013, S. 326), wieder wahrnehmen.

---

11 Und auch Rosetti: „Langsam verbreitet sich die unausweichliche Realität, das ein Priester, der einmal einen Minderjährigen belästigt hat, für immer das Privileg verliert, als Geistlicher wirken zu dürfen" (Rosetti 2012, S. 52).

Zum anderen bedarf es tätiger Reue: Opfern muss mit allen Ressourcen geholfen werden, sowohl mit Zeit als auch mit Geld[12] und ebenso mit allen notwendigen Formen einer Erinnerungspraxis.

Indem wir als kirchliche Institution bereit sind, die Klage der geschädigten, bedrängten Menschen zu hören, setzen wir die Botschaft von der Liebe Gottes zu den Menschen in die Tat um. „Vergebung darf der Täter erst nach einem aufrichtigen Bekenntnis und tätiger Reue, aus denen nachweislich Schritte der Umkehr zur Schaffung gerechter Verhältnisse erkennbar sind, erhoffen. In seiner Hoffnung bleibt er auf das Opfer angewiesen" (Lehner-Hartmann, zitiert nach Klein 2013, S. 333).

Die Erfahrung zeigt, dass jeder Fall von sexuellem Missbrauch durch eine/n Mitarbeiter/in eine Spaltung in der betroffenen Einrichtung hinterlässt: Es gibt die, die dem Opfer Glauben schenken, und es gibt jene, die der Meinung sind, dass da eine/r zu schnell als Täter/in abgestempelt wird. Gemeldete Fälle von Grenzverletzungen und sexueller Gewalt lassen nicht nur ein Opfer und eine/n Täter/in zurück, sondern ein ganzes Umfeld, das häufig zutiefst gespalten ist. Das spiegelt die Doppelgesichtigkeit des/r Täters/in wider: Ein Teil identifiziert sich mit ihm/ihr und nimmt nur sein/ihr Engagement für die Klienten/innen wahr, der andere Teil glaubt dem Opfer. Das führt nicht selten zum Zerwürfnis in einer Einrichtung. Im Zusammenhang mit der Frage, wie die Vielzahl der Fälle sexuellen Missbrauchs geschehen konnten, muss also besonders die Rolle der Mitläufer/innen (Kiessling 2012, S. 28) bzw. der Wegschauer/innen beachtet werden.

Angesichts des Alters der Beschuldigten in den katholischen Einrichtungen unseres Verbandes wurde mir immer wieder deutlich, dass junge Mitarbeiter/innen häufig in Situationen hinein geworfen sind, in denen sie sich überfordert fühlen müssen. Hier haben wir uns die Fragen zu stellen, was es an Unterstützung braucht, damit ein junger Mensch seiner Verantwortung gegenüber vulnerablen Personen gerecht werden kann und wo es an Kollegialität, an Miteinander fehlt, so dass Unsicherheit, Hilflosigkeit, Unzufriedenheit nicht mitgeteilt oder gehört werden. Auffallend ist, dass Untersuchungen sowohl in den USA als auch in Südafrika[13] wie auch unsere ersten eigenen

---

12 Hierzu ist die Vereinbarung der DBK mit der Deutschen Bundesregierung zu den ergänzenden Hilfeleistungen ein wichtiger Schritt; siehe auch: www.dbk.de.

13 Auch Nair weist darauf hin, dass in Südafrika die hohe Anzahl von Neupriestern, die in Missbrauchsvorwürfe verwickelt sind, überrascht (Nair 2012, S. 13). Zusätzlich hierzu Applewhite: „Der Missbrauch begann oft in Zeiten von erhöhtem beruflichen Stress, sozialer Isolation und vermindertem Kontakt mit Kollegen." Die meisten Taten wurden im ersten Jahr nach der Ordination begangen (Applewhite 2013, S. 128–131).

Erfahrungen[14] deutlich die erste Berufsphase als diejenige identifizieren, in der es am häufigsten zu ersten Übergriffen kommt. Begünstigt wird ein solches Fehlverhalten dadurch, dass die Unsicherheiten in der neuen Rolle groß sind und geeignete Unterstützungsformen und Anleitung fehlen. In unseren Personalgesprächen und Fördermaßnahmen sowie in unserem beruflichen Miteinander gilt es also, ein Gespür dafür zu entwickeln, dass wir nicht nur Teilaspekte eines Menschen wahrnehmen, sondern Begegnungen und Austausch zwischen Menschen ermöglichen. Das erfordert nicht zuletzt zeitliche Ressourcen, die auch finanziert und gegenfinanziert werden müssen. Aber es bedeutet auch eine veränderte Haltung in unserem Miteinander.

Wenn Fehlverhalten wahrgenommen wird, braucht es auch die Fähigkeit, dieses entsprechend zu deuten. Hinzu kommt, dass der/die MitarbeiterIn mit seinem/ihrem Fehlverhalten auf adäquate Weise konfrontiert werden muss. In allen Formen der Grenzverletzung geht es auch um einen kollegialen Lernprozess: Im beruflichen Miteinander ist ein angemessenes Verhalten kollegial einzufordern. Angemessenes Verhalten muss im täglichen Miteinander gefördert und geübt werden. Hier werden ausreichende Zeitressourcen und Stellenanteile, d.h. Finanzmittel, nötig sein. Gleichzeitig muss Entsprechendes schon bei der Auswahl der BewerberInnen und in der Ausbildung berücksichtigt werden, was angesichts immer kürzer werdender Ausbildungszeiten nur bedingt realistisch erscheint. In der Sorge für das menschliche Reifen der eigenen MitarbeiterInnen sehe ich eine wesentliche Aufgabe von Caritas.

Darüber hinaus braucht es Erfahrung und Sensibilität dafür, wann eine kollegiale Zurechtweisung nicht ausreicht oder kontraproduktiv ist. Hier erlebe ich häufig ein Zurückschrecken davor, Leitungspersonen über das Fehlverhalten eines/r Kollegen/in zu informieren. Darin zeigt sich ein falsches Verständnis von Solidarität. Es geht nicht darum, eine/n Mitarbeiter/in zu denunzieren, sondern vor allem darum, dass eine Einrichtung ihren Hilfeauftrag gegenüber den ihr Anvertrauten tatsächlich wahrnimmt. Das kann im Fall eines solchen Fehlverhaltens nur geschehen, indem die verantwortlichen Führungskräfte auch von MitarbeiterInnen über Fehlverhalten von KollegInnen informiert werden. Erschwerend kommt hinzu, dass über den Inhalt von Beschuldigungen aus Datenschutzgründen oft nur bedingt Auskunft gegeben werden kann. Das macht es den KollegInnen schwerer, einer Führungskraft zu vertrauen, die einen/r MitarbeiterIn des Übergriffs be-

---

14 Vgl. dazu den Jahresbericht 2013 der Stabsstelle Prävention/Kinderschutz (Crone 2014).

schuldigt. Instinktiv solidarisieren sich viele KollegInnen auch mit dem/r Beschuldigten, weil diese/r ja eine/r von ihnen ist. Das macht deutlich, dass auf eine Leitungskraft eine enorme Aufgabe zukommt, wenn sie einer Beschuldigung nachgeht. Hier sind in der Vergangenheit auch aus Gutgläubigkeit viele Fehler gemacht worden. Der/die beliebte Mitarbeiter/in hat oft einen ganzen Kreis an Unterstützenden rekrutiert, der ihn/sie bewusst oder unbewusst bei seinen/ihren Taten deckte.[15] In den meisten Fällen führt dann auch die Veröffentlichung von sexuellen Straftaten zu Spaltungsprozessen im Team bzw. System.

Schweigekartelle haben es in der Vergangenheit TäterInnen ermöglicht, ihren Verhaltensstil über lange Zeit zu pflegen. Wir müssen uns fragen, warum in unseren Einrichtungen MitarbeiterInnen nicht den Mut fanden zu widersprechen oder das wahrgenommene Fehlverhalten an Verantwortliche weiter zu melden. Hier haben wir in der Vergangenheit auch aufgrund von Autoritätshörigkeit und Hierarchiedenken eine Kultur des Wegschauens praktiziert, wie die Erfahrungsberichte deutlich gemacht haben. Möglicherweise ist das auch durch ein Bild von Kirche als einer großen Familie begünstigt worden, innerhalb derer man sich solche Taten nicht vorstellen mag.[16]

Was braucht es also, um zu einer Kultur des Hinschauens zu kommen und Verantwortung zu übernehmen für das, was geschieht? Was bedeutet das für unser Verständnis von Kirche?[17] Wie kann es gelingen, meine Wahrnehmung zu schärfen? Die erschreckenden Veröffentlichungen seit 2010 haben zu einer hohen Sensibilisierung der Öffentlichkeit geführt. Dadurch hat die katholische Kirche ihren Heiligenschein verloren. Genau das war nötig, um die vorhandene Wahrnehmungsblockade zu lösen, um anerkennen zu können, dass das, was passiert, auch wahr ist.

Nur wenn das Leid der Opfer einen Ort in der Kirche beziehungsweise der Caritas hat, können sich die Betroffen ihr auch zugehörig fühlen, sofern sie das noch wollen.

Die Bestrafung der Täter/innen erleben viele Opfer als eine notwendige Wiederherstellung der Ordnung: „Die Strafe ist Ausdruck der Solidarität des

---

15 Dass viele davon betroffen und daran beteiligt sind, wird auch bei den immer häufiger veröffentlichten Fällen von digitaler Kinderpornografie deutlich, hinter der ganze Händlerringe stehen.

16 Siehe hierzu auch den Artikel von Wolff in diesem Buch.

17 Siehe dazu auch Kießling: „Die Kirche bildet keine perfekte Gemeinschaft, der die Sünde allenfalls als ihr Akzidens gilt. Ihre Heiligkeit hängt, sofern dieses Attribut angesichts der sexuellen Gewalt überhaupt noch einsatzfähig bleibt, gewiss nicht an ihrer Freiheit von Sünde" (Kießling 2011, S. 30).

Sozialverbandes mit dem Opfer" (Reemtsma 2002, S. 72 f.).[18] „Wenn der Täter Mitglied der Gemeinschaft bleibt, bleibt das Opfer ausgegrenzt" (Klein 2013, S. 323). Das bedeutet: So lange ein Täter weiter in seiner Arbeit verbleibt, kann das Opfer sich nicht wirklich als Mitglied der Gemeinschaft fühlen. Barmherzigkeit kann hier nur heißen, dass der/die Täter/in die Möglichkeit zur Korrektur seines/ihres Lebens erhält, um so einen neuen Platz in der Gesellschaft zu finden. In Deutschland ist zum Beispiel die in Würzburg bei der Caritas eingerichtete Fachambulanz für Sexualstraftäter ein Weg, um Täter/innen auf dem notwendigen Umkehrweg zu begleiten.[19] Die US-amerikanische Kirche hat mittlerweile eine Form gefunden, für übergriffig gewordene Priester Sicherheitspläne mit individueller Risikostufe zu erstellen (Rosetti 2012, S. 52 f.).

Man kann also feststellen, dass die Schuld der Täter/innen eine institutionelle Entsprechung hat. Sie ist gepaart mit dem institutionellen Versagen, mit einem blinden Fleck des Systems.

Weder katholische Moral und Ethik noch die Reformpädagogik haben verhindern können, das Menschen zu Tätern/innen wurden. Das Versagen von Mitarbeiter/innen gründet meines Erachtens sowohl in einer falsch verstandenen Kollegialität, den/die Kollegen/in nicht denunzieren zu wollen, als auch in einer Autoritätshörigkeit und der dahinterliegenden falsch verstandenen Demutshaltung, die bereits Heinrich Mann im *Untertan* beschrieb.[20] Deswegen glaube ich, dass wir gut daran tun, unseren Umgang mit Autoritäten kritisch zu hinterfragen und eine Kultur der Partizipation zu fördern.

Jede Einrichtung, in der Fehlverhalten entdeckt wird, muss sich daraufhin überprüfen lassen, welche Strukturen und Verhaltensweisen ein Wegschauen begünstigt haben. Dafür ist externe Beratung hilfreich und notwendig, weil der Blick von außen uns mit zusätzlichen Fragen konfrontiert. Gleichzeitig bedarf es auch eines internen Blickes im Sinne einer internen Revision, um Abläufe und Kultur besser verstehen zu können.

Um diesen institutionellen blinden Fleck zu reflektieren, müssen wir uns folgenden Fragen stellen: Wie ist es möglich, dass mitunter unsere engsten Bezugspersonen, unsere liebsten Mitarbeiter/innen in einer Einrichtung zu

---

18 Ziel ist, „das soziale Normverständnis zu verdeutlichen, nicht nur den potentiellen Verbrecher abzuschrecken" (ebd. S. 73).

19 Vergleiche dazu unter anderen www.caritas-wuerzburg.de.

20 Vergleiche dazu Mann. Diese Untertanenmentalität war eine Ursache des ersten Weltkriegs und u.a. kultureller Nährboden für die Ideologie des Nationalsozialismus. Dazu passt, dass viele Kinder von NS-Tätern sexuelle Gewalt erlitten haben (Müller-Hohagen 1994).

Täter/innen wurden? Was hat uns die andere, die Schattenseite übersehen lassen? Welchen Strategien des/r Täters/in, seine/ihre Tat zu verschleiern, sind wir auf den Leim gegangen? Was hat uns veranlasst, die narzisstische Störung des/r Täters/in zu übersehen und uns von seiner/ihrer Neigung, sich als besonders geeignete oder sogar einzig taugliche Bezugsperson zu zeigen, blenden zu lassen? Hat uns nur das Wegschauen ermöglicht, den Dienstplan aufrecht zu erhalten? Und was hat das alles mit unserer eigenen Geschichte im Umgang mit Macht und Vertrauen zu tun?

Eine katholische Einrichtung muss sich aufgrund ihrer ethischen Selbstverpflichtung dieser Mitschuld stellen. In der Folge muss die Forderung an die Organisation entsprechend heißen: Den Betroffenen muss ein anerkannter Ort in der Gemeinschaft zurückgegeben werden.

4 Achtsam in sakramentalen Vollzügen das Leid in Sprache fassen und die Schuld thematisieren (Liturgia)

Auf der Ebene der Liturgia: Hier ist zu fragen, welche Auswirkungen diese Prozesse für das gemeinsame Feiern unseres Glaubens und der Sakramente haben und wie solche schmerzlichen Erinnerungen zu pflegen sind.

Bildlich gesprochen ist auf dem Altar Platz zu machen für die Klage gegenüber Gott. Im Raum der Gottesbeziehung muss es Orte geben für das widerfahrene Leid. Wenn es Betroffenen gelingt, sich in der Klage gegenüber Gott zu äußern, tritt der/die Betende als aktiv handelndes Subjekt in Beziehung zu Gott. Ob dies möglich ist, hängt sicherlich damit zusammen, wie das bei Opfern häufige Verstummen der eigenen Religiosität wieder in Sprachfähigkeit hinüber geführt werden kann (Zimmer et al. 2014, S. 149-154). Eine niederschwellige Form dafür bietet das Austauschforum für gewaltüberlebende Christinnen mit der Möglichkeit, zu SeelsorgerInnen vor Ort Kontakt aufzunehmen[21].

Die oben geforderte Konfliktkultur kann sich nur dann in den liturgischen Glaubensvollzügen widerspiegeln, wenn sie auch im Alltag gelebt wird. Deswegen stehen wir hier noch am Anfang, liturgische Formen zu entwickeln, die dieses Geschehen ins Wort fassen. In jeder Eucharistiefeier wird die eigene Verstrickung in Verfehlungen erinnert. Auch in den Fürbitten ist ein Ort gegeben, an dem immer wieder an das schuldhafte Verhalten erinnert werden kann.[22] Das gibt die Möglichkeit, auch liturgisch einen Stachel zu set-

---

21 Unter www.gottes-suche.de.
22 Eine Form haben die Benediktinerinnen von Kellenried gefunden, die immer wieder in

zen, der uns regelmäßig daran erinnert, wie schnell wir blind werden. Auch im Klagegebet auf Gott hin können diese Verfehlungen thematisiert werden.[23]

Sicherlich ist es nochmals eine eigene Herausforderung, entsprechende sakramentale Lossprechungsformen für reuige Täter/innen zu entwickeln, insbesondere wenn es sich um Mitbrüder bzw. Mitschwestern handelt, mit denen ein weiteres Zusammenleben praktiziert werden soll. Aber auch hier muss klar sein, dass die Zusage eines barmherzigen Gottes auch für Täter und Täterinnen gilt. Allerdings stehen davor die tatsächliche Reue und der Wille zur Umkehr.

5 Schlussthesen

Aus meiner Sicht ergibt sich für die Zukunft eine große Verpflichtung und Herausforderung sowohl für die Caritas als auch für die verfasste Kirche, sich dieser strukturellen Sünde (Gutierrez 1973, S. 169) zu stellen. Das Jahr 2010 ist als ein Weckruf zu verstehen und die Antwort auf die Schuld des Systems kann nur auf allen Ebenen der Grundvollzüge von Kirche gefunden werden.

Sehr anschaulich haben diese notwendige Haltung gegenüber den Opfern Eglau et al. anhand des Gleichnisses vom barmherzigen Samariter (Lk 10,30–37) durchbuchstabiert (Eglau et al. 2011, S. 141–145).[24] Sie lesen das Gleichnis als Handlungsanweisung Jesu, herauszufinden, wer unsere Nächsten sind, die unsere Liebe und Zuwendung erfahren sollen. Deutlich wird am Beispiel des Mannes, der unter die Räuber fiel, dass Opfer viel verlieren und daran nicht selbst Schuld tragen. Alle, die vorübergehen wie die Priester und Leviten, erliegen der Versuchung, die Opfer auszublenden und sich entsprechend den Erwartungen des Umfeldes zu verhalten. Der barmherzige Samariter macht durch sein Handeln deutlich, dass sich der Umgang mit Opfern an den eigenen Möglichkeiten und Grenzen orientiert: Durch die Finanzierung der Herberge für die nächste Zeit werden Fremde in die Unterstützung mit hineingenommen. Darin ist berücksichtigt, dass Opfer Zeit für ihre Heilung benötigen. Übertragen auf unsere Verhältnisse sehe ich damit für die

---

ihrem Stundengebet der Opfer sexuellen Missbrauchs gedenken und die schuldhaften Verstrickungen erinnern: www.kellenried.de.

23 Ein Beispiel dazu findet sich in Scicluna/Zollner/Ayotte. Allerdings lässt die Sicherheit über die erfolgte Vergebung den Gottesdienst für mein Gefühl hochmütig wirken (Scicluna/Zollner/Ayotte 2012, S. 207–221).

24 Ähnlich auch Haslbeck 2006, S. 251-263.

Kirche (Hillenbrand 2012, S. 153–156) und mit ihr die Caritas folgenden Entwicklungs- und Investitionsbedarf:

- *Wir benötigen einen hörenden Umgang mit den Opfern und Betroffenen (Diakonia):*
  Gefordert ist ein klares Engagement für die Bereitstellung von Beratungsangeboten für Opfer und Angehörige. Eine kirchlich finanzierte Langzeitbegleitung von Opfern und Angehörigen und entsprechende psychologische Beratungsorte verwirklichen den Grundsatz der Eingangsworte von „gaudium et spes": „Freude und Hoffnung, Trauer und Angst der Menschen von heute, besonders der Armen und Bedrängten aller Art, sind auch Freude und Hoffnung, Trauer und Angst der Jünger Christi" (Rahner/Vorgrimler 1981, S. 449).

- *Wir benötigen einen offenen, responsiven Umgang mit der Tat (Martyria):*
  Wir müssen uns der Schuld auch öffentlich stellen und transparent machen, was wir tun. Dazu gehört, dass Mitarbeiter/innen und Führungskräfte gestärkt werden, mit Dissonanzen umzugehen und sich auf die Seite der Opfer stellen zu können. Dies ist eine wesentliche Aufgabe in der Personalentwicklung.
  Finanziell gibt es für die Betroffenen bereits eine erste Form der Anerkennung. Aber darüber hinaus muss Zeugnis an den unterschiedlichsten Stellen abgegeben werden – in der Festschrift einer Einrichtung ebenso wie in einem jährlichen Bericht über den Umgang mit Fehlverhalten von MitarbeiterInnen.
  Die Präventionsbemühungen müssen Ausdruck einer gesamtgesellschaftlichen Verantwortung werden. Zum Achten auf Übergriffssituationen und Grenzverletzungen gehört auch ein Einüben in die Übernahme von Verantwortung, um nach Fehlverhalten für Abhilfe zu sorgen. Dazu gehört aber auch ein entsprechendes Verständnis hinsichtlich der Sexualmoral, die den Menschen als Geschöpf Gottes in den Mittelpunkt stellt und ihn nicht zuerst als Objekt der Begierde oder der Verhütung beschreibt. Damit verbunden ist auch ein Umgang miteinander auf Augenhöhe: Eine kirchliche Sexualmoral hat die Aufgabe, mündige Christen als erwachsene Menschen zu begleiten und ihnen bei Bedarf Hilfen zur Orientierung an die Hand zu geben und Orte zur Reflexion anzubieten.

- *Wir benötigen einen erinnernden Umgang mit unseren Verstrickungen, um so die Spaltung, die jeder Missbrauch in einer Einrichtung hinterlässt, wieder heilen zu können (Koinonia):*
Hier benötigen wir strukturelle Voraussetzungen, um uns gegenseitig zu vergewissern, welches Verhalten unserem Auftrag gerecht wird. Das bedeutet, dass entsprechende Ressourcen für Reflexion vorhanden sein müssen. Dies ist eine wesentliche Aufgabe in der Organisationsentwicklung.
Der Umgang mit den Tätern/innen muss in Kooperation mit den Justizbehörden erfolgen, er muss gekennzeichnet sein von Transparenz. Barmherzigkeit kann dann Raum greifen, wenn beim/bei der Täter/in Umkehrbereitschaft vorhanden ist. Um diese zu erwirken, braucht es unterstützende Einrichtungen, die den/die Täter/in mit den Folgen seines/ihres Handelns konfrontieren können.
Die Ausbildungs- und Fortbildungsinhalte für kirchliche Mitarbeiter/innen müssen verbessert werden, insbesondere in Bezug auf die Berufseinstiegsphase, die ein hohes Risiko zu Grenzverletzungen und Übergriffen beinhaltet.

- *Wir benötigen einen achtsamen Umgang mit der Schuld in gottesdienstlichen Feiern und im Sakrament der Beichte (Liturgia).*
Diesbezüglich erlebe ich uns entweder in alten Ritualen verhaftet, die die Betroffenen nicht erreichen, oder aber als sprachlos. Letzteres ist vielleicht auch angemessen, weil eine zu schnelle spirituelle Antwort der Schwere der Tat nicht gerecht wird. Wenn es uns gelingt, auch liturgisch aus dem Schweigen herauszukommen in einer Form, die das Leid der Betroffenen in eine öffentliche Klage gegenüber Gott trägt und von den Betroffenen mitgefeiert werden kann, dann ist ein Stück Himmel auf Erden möglich, dann geschieht Begegnung auf Augenhöhe. Das lässt aber auch erahnen, wie weit dieser Weg noch sein wird.

Wenn wir uns in diesen vier Feldern als karitative Organisation weiterentwickeln und unsere Qualitätsstandards verbessern, dann können Erinnerungsrituale Orte sein, an denen wir uns mit unserer Institutionsgeschichte in den Dialog mit Gott stellen.

Literatur

Ashton, P. (2012): Prävention und Bekämpfung des sexuellen Missbrauchs von schutzlosen Erwachsenen. In: Scicluna/Zollner/Ayotte (Hrsg.): Auf dem Weg zu Heilung und Erneuerung. 1. Auflage München: Don Bosco Medien, S. 195–205.

Applewhite, M. (2013): Studien zu sexuellem Missbrauch in der katholischen Kirche der USA. In: Brüntrup, G./Herwartz, C./Kügler, H. (Hrsg.): Unheilige Macht. Der Jesuitenorden und die Missbrauchskrise. Stuttgart: Kohlhammer, S. 127–137.

Collins, M./Hollins, S. (2012): "Die Wahrheit wird euch frei machen." Zuhören, Verstehen und Handeln als Weg zur Heilung und Stärkung der Opfer. In: Scicluna/Zollner/Ayotte (Hrsg.): Auf dem Weg zu Heilung und Erneuerung. 1. Auflage München: Don Bosco Medien, S. 31–43.

Crone, G. (2014) Jahresbericht 2013 der Stabsstelle Prävention/Kinderschutz, Stuttgart 2014. www.caritas-gegen-missbrauch.de/materialien.html (Abruf am 27. Juli 2014).

Dölling, D. (2007): Handbuch der Korruptionsprävention für Wirtschaftsunternehmen und öffentliche Verwaltung. München: Beck.

Eglau, U./Leitner, E./Leitner, J./Scharf, M. (2011): Sexueller Missbrauch in Organisationen. Erkennen, Verstehen, Handeln. Wien: Domverlag.

Grübel, M. (2013): Bericht der Kommission sexueller Missbrauch der Diözese Rottenburg-Stuttgart, Oktober 2002 – 17.6.2013. www.hilfe-bei-missbrauch.drs.de/kommission-sexueller-missbrauch.html (Abruf am 26. Juni 2014).

Gutiérrez, G. (1973): Theologie der Befreiung. München: Kaiser.

Haslbeck, B. (2006): Er trat hinzu und verband seine Wunden. Traumatisierten Menschen helfen. In: Haslbeck, B./Günther, J. (Hrsg,): Wer hilft, wird ein anderer. Zur Provokation christlichen Helfens. Berlin: Lit-Verlag.

Hillenbrand, K. (2012): Perspektivenwechsel im Kirchen- und Amtsverständnis. In: Müller, W./Wijlens, M. (Hrsg.): Ans Licht gebracht. Weiterführende Fakten und Konsequenzen des sexuellen Missbrauchs für Kirche und Gesellschaft. 1. Auflage Münsterschwarzach: Vier-Türme-Verlag, S. 147–158.

Kießling, K. (2011): Sexueller Missbrauch an Kindern und Jugendlichen. Fakten – Folgen – Fragen. In: Kießling, K. (Hrsg.): Sexueller Missbrauch. Fakten – Folgen – Fragen, Ostfildern: Matthias-Grünewald-Verlag, S. 12–41.

Klein, S. (2013): In: Ries, M./Beck, V. (Hrsg.): Hinter Mauern. Fürsorge und Gewalt in kirchlich geführten Erziehungsanstalten im Kanton Luzern. Zürich: Theologischer Verlag, S. 301–338.

Mann, H. (1964): Der Untertan. Düsseldorf: dtv.

Mertes, K. (2013): Kirche und Trauma. In: Stimmen der Zeit. Katholische Monatsschrift für das Geistesleben der Gegenwart, H. 5, Freiburg im Breisgau: Herder, S. 327–338.

Moosbach, C. (2000): Lobet die eine. Mainz: Grünewald.

Müller, W. (2012): Sich der Wirklichkeit und Wahrheit stellen: Wie geht es weiter mit den Tätern? In: Müller, W./Wijlens, M. (Hrsg.): Ans Licht gebracht. Weiterführende Fakten und Konsequenzen des sexuellen Missbrauchs für Kirche und Gesellschaft. 1. Auflage Münsterschwarzach: Vier-Türme-Verlag, S. 101–117.

Müller-Hohagen, J. (1994): Geschichte in uns. Psychogramme aus dem Alltag. München: Knesebeck.

Nair, D. (2012): Aspekte einer „Best Practice" zur Prävention sexuellen Missbrauchs in der Kirche Südafrikas. In: Scicluna/Zollner/Ayotte (Hrsg.): Auf dem Weg zu Heilung und Erneuerung. 1. Auflage München: Don Bosco Medien, S. 126–133.

Rahner, K./Vorgrimler, H. (1981): Kleines Konzilskompendium. Sämtliche Texte des zweiten Vatikanums. 15. Auflage, Freiburg, Basel, Wien: Herder.

Reemtsma, J. P. (2002): Die Gewalt spricht nicht. Drei Reden. Stuttgart: Reclam.

Reemtsma, J. P. (2008): Vertrauen und Gewalt. Versuch über eine besondere Konstellation der Moderne. Hamburg: Hamburger Edition.

Rosetti, Stephen J. (2012): Aus unseren Fehlern lernen. Effektives Handeln gegenüber Priestern, die sich des sexuellen Missbrauchs Minderjähriger schuldig gemacht haben In: Scicluna/Zollner/Ayotte (Hrsg.): Auf dem Weg zu Heilung und Erneuerung. 1. Auflage München: Don Bosco Medien, S. 44–59

Schäfer-Walkmann, S./Störk-Biber, C./Tries, H. (2011): Die Zeit heilt keine Wunden. Heimerziehung in den 1950er und 1960er Jahren in der Diözese Rottenburg-Stuttgart. Freiburg: Lambertus.

Sekretariat der Deutschen Bischofskonferenz (2014): Aufklärung und Vorbeugung – Dokumente zum Umgang mit sexuellem Missbrauch im Bereich der Deutschen Bischofskonferenz: 31.3.2014 In: Arbeitshilfen 246.

Scicluna, C./Zollner, H./Ayotte, D. J. (Hrsg.) (2012): Auf dem Weg zu Heilung und Erneuerung, 1. Auflage München: Don Bosco Medien.

Zerfaß, R. (1992): Lebensnerv Caritas. Helfer brauchen Rückhalt. Freiburg, Basel, Wien: Herder.

Zimmer, A./Lappehsen-Lengler, D./Weber, M./Götzinger, K. (2014): Sexueller Kindesmissbrauch in kirchlichen Institutionen. Zeugnisse, Hinweise, Prävention. Ergebnisse der Auswertung der Hotline der Deutschen Bischofskonferenz für Opfer sexuellen Missbrauchs. Weinheim und Basel: Beltz Juventa.

Die Autorinnen und Autoren

Sabine Andresen, Prof. Dr., Diplom-Pädagogin, Goethe-Universität Frankfurt am Main, Fachbereich Erziehungswissenschaften, Institut für Sozialpädagogik und Erwachsenenbildung.

Sophia Clement, Abiturientin, Freiwillige im FSJ im Familienferiendorf Eglofs.

Gerburg Crone, Diplom-Pädagogin, Diplom-Theologin und Kinder- und Jugendlichenpsychotherapeutin, Stabsstelle Prävention / Kinderschutz, operative Projektleitung „caritasspezifischer Kinderschutz" beim Caritasverbandes der Diözese Rottenburg-Stuttgart e.V.

Hildegard Eckert, Diplom-Sozialpädagogin (BA), Mitarbeiterin bei IN VIA Jugendmigrationsdienst in Heilbronn.

Jörg Michael Fegert, Prof. Dr., Facharzt für Kinder- und Jugendpsychiatrie, Zusatzbezeichnung Psychotherapie, Facharzt für Psychotherapeutische Medizin, Ärztlicher Direktor, Professor und Lehrstuhlinhaber an der Klinik für Kinder- und Jugendpsychiatrie / Psychotherapie des Universitätsklinikums Ulm.

Ursula Gampper, Sozialarbeiterin, systemische Familienberaterin und Kunsttherapeutin, Fachkraft in der Fachstelle Frühe Hilfen Ludwigsburg, Caritasregion Ludwigsburg-Waiblingen-Enz.

Claudia Kempinski, Diplom-Pädagogin und Supervisorin, Leiterin Familie und Erziehung der Caritasregion Ludwigsburg-Waiblingen-Enz, leitet die Fachstelle Frühe Hilfen Ludwigsburg.

Dikea Kypriotou, Erzieherin und Fachwirtin für Organisation und Führung im sozialen Bereich, Pädagogische Mitarbeiterin im IN VIA Hildegardisheim in Stuttgart.

Karin Lakotta, Diplom-Sozialpädagogin und Systemtherapeutin, Einrichtungsleiterin des IN VIA Kinder- und Familienzentrums Wilde Hilde in Stuttgart.

Hubert Liebhardt, Dr., Erziehungswissenschaftler und Diakon, wissenschaftliche Projektleitung „caritasspezifischer Kinderschutz" an der Klinik für Kinder- und Jugendpsychiatrie/Psychotherapie des Universitätsklinikums Ulm.

Ulrike Mucke, Diplom-Sozialpädagogin (FH), Regionalleiterin Nord/Stuttgart bei IN VIA in Stuttgart.

Carolin Schloz, Diplom-Pädagogin, Wissenschaftliche Mitarbeiterin an der Klinik für Kinder- und Jugendpsychiatrie/Psychotherapie des Universitätsklinikums Ulm.

Anja Schmid, Diplom-Pädagogin, Mitarbeiterin im IN VIA Jugendmigrationsdienst in Stuttgart.

Volker Schnabel, Jugend- und Heimerzieher, Pädagogische Fachkraft im JugendCafé in Gerstetten.

Sabine Schöning-Müller, Diplom-Sozialpädagogin und systemische Familientherapeutin, Bereichsleiterin und stellvertretende Einrichtungsleiterin in der Kinder- und Jugendhilfe Neuhausen.

Jörg Stein, Ständiger Diakon, Vorstand des Familienerholungswerks der Diözese Rottenburg-Stuttgart e.V.

Wolfgang Tripp, Prälat, Diplom-Theologe, Direktor des Diözesancaritasverbandes Rottenburg-Stuttgart e.V.

Horst Wichmann, Jugend- und Heimerzieher, Fachkraft für Programmgestaltung im Familienferiendorf Eglofs.

Mechthild Wolff, Prof. Dr., Erziehungswissenschaftlerin (MA), Dozentin für erziehungswissenschaftliche Aspekte Sozialer Arbeit an der HAW Landshut, Fakultät Soziale Arbeit, ehemaliges Mitglied des Runden Tisches Kindesmissbrauch (RTKM), Mitglied des Fachbeirates des Unabhängigen Beauftragten für Fragen des sexuellen Missbrauchs (UBSKM), Vorstandsmitglied der Arbeitsgemeinschaft für Jugendhilfe (AGJ).

Kornelia Zorembski, Diplom-Sozialpädagogin (BA), Mitarbeiterin im IN VIA Jugendmigrationsdienst in Ulm.